新版　保育士をめざす人のソーシャルワーク

相澤譲治　編

㈱みらい

『新版 保育士をめざす人のソーシャルワーク』

執筆者紹介（執筆順）

編者	相澤 譲治	（神戸学院大学）	第1章
	髙井 由起子	（関西学院大学）	第2章
	山本 眞利子	（久留米大学）	第3章
	大和 正克	（元京都西山短期大学）	第4章1・2
	小﨑 恭弘	（大阪教育大学）	第4章3、第6章1
	松平 千佳	（静岡県立大学短期大学部）	第4章4
	徳岡 博巳	（大谷大学短期大学部）	第4章5、第6章2・3
	横山 千秋	（乳児院積慶園）	第4章6
	中川 千恵美	（大阪人間科学大学）	第4章7、第6章4
	波々伯部 嘉子	（本願寺ウィスタリアガーデン）	第4章8
	前田 崇博	（大阪城南女子短期大学）	第5章
	竹長 イツ子	（元宮崎女子短期大学）	第6章5
	杉山 博昭	（ノートルダム清心女子大学）	第7章
	石井 啓子	（元高田短期大学）	第8章1・2
	合津 千香	（松本短期大学）	第8章3
	波田埜 英治	（聖和短期大学）	第8章4
	橋本 好市	（神戸常盤大学）	第9章

は・じ・め・に

　本書は、保育士養成科目における「社会福祉援助技術」のテキストである。
　類書が多いなかで本書の特徴は以下の点である。
　第一に、保育・養護場面におけるソーシャルワーク（社会福祉援助技術）の基本的理解が得られるようにとの視点を中心にしたことである。
　第二に、ソーシャルワークのなかで保育・養護場面で活用される機会が多いケースワークとグループワークと、さらに近年地域福祉の視点を抜きにしてはソーシャルワークの具体的な活用も考えられないので、コミュニティワークについても保育・養護とかかわらせて説明している点である。
　第三は保育所、児童養護施設をはじめとする各種児童福祉施設での具体的事例を掲載していることである。そして、事例をふまえた演習課題も載せているので、講義のなかで個人や小グループで考えていくこともできるし、自主的に取り組んでいくことも可能である。また、現在現場に勤務している方もソーシャルワーク機能が重要視されているなか、自己の技能（スキル）を向上させていくための教材として本書を大いに活用していただければと思う。
　なお本書は、2000年4月に刊行したが、幸いにも版を重ね今日に至っている。今回、初版以降のソーシャルワークの動向と児童虐待や子育て支援等の現代的な事例を追加することで、読者のニーズに応えるべく新版として発刊するに至った。
　最後に、お忙しいなかご執筆いただいた各位、㈱みらい酒向省二氏、編集の実務を担当していただいた企画編集部長荻原太志氏に厚くお礼を申し上げます。

2005年2月1日

相　澤　讓　治

目　　次

はじめに

第1章　保育とソーシャルワーク

1　保育士がソーシャルワークを学ぶ意義── 10
2　ソーシャルワークの内容── 12
3　ソーシャルワークの活用（スーパービジョンを含む）── 14

第2章　ソーシャルワークの意味と種類

1　ソーシャルワーク（社会福祉援助技術）とは── 18
　1．ソーシャルワークの意味／18
　2．ソーシャルワークの種類／19
2　個別援助技術（ソーシャル・ケースワーク）── 19
　1．ケースワークとは／19
　2．ケースワークのはじまり／20
　3．ケースワークの系譜／21
3　集団援助技術（ソーシャル・グループワーク）── 21
　1．グープワークとは／21
　2．グループワークのはじまりと展開／22
4　地域援助技術（コミュニティワーク）── 23
　1．コミュニティワークとは／23
　2．コミュニティワークの考え方／24
　3．コミュニティワークの沿革／25
5　その他の社会福祉援助技術── 26
　1．社会福祉調査法（ソーシャルワーク・リサーチ）／26
　2．社会福祉運営管理（ソーシャル・ウェルフェア・アドミニストレーション）／27
　3．社会活動法（ソーシャルアクション）／27
　4．社会福祉計画法（ソーシャル・ウェルフェア・プランニング）／27
　5．ケアマネジメント／28
6　ソーシャルワークの専門性と倫理── 29

第3章　ケースワークの基礎知識

1　ケースワークの基礎知識────32
　1．ケースワークとは／32
　2．ケースワークの構成要素／32
　3．ケースワークの原則／33
2　ケースワークの過程────35
　1．インテーク（受付）／35
　2．アセスメント（調査・診断）／36
　3．プランニング（目標・計画の作成）／38
　4．介入・実施／38
　5．事後評価／38
3　ケースワークの専門的態度────39
　1．ケースワーク関係／39
　2．ソーシャルワーカーのクライエントに対する接し方／39
4　ケースワークの技法────41
　1．非言語的コミュニケーション／41
　2．言語的コミュニケーション／42

第4章　ケースワーク演習

1　保育所での援助事例Ⅰ
　「発達に遅れのある子どもの保育と他機関との連携」────46
2　保育所での援助事例Ⅱ
　「重複障害の園児と両親への援助」────51
3　保育所での援助事例Ⅲ
　「保育所における育児困難な保護者への援助」────56
4　児童養護施設での援助事例Ⅰ
　「思春期の男子児童への支援」────62
5　児童養護施設での援助事例Ⅱ
　「虐待問題を抱えた母子への支援」────69
6　乳児院での援助事例
　「母親の育児不安への援助」────75

7 児童館での援助事例
  「地域で孤立していた親子への援助」—— 79
8 母子生活支援施設での援助事例
  「子育てのモデルをもたない母親と
  その子どもへの援助」—— 85

第5章 グループワークの基礎知識

1 グループワークの基礎知識—— 92
  1．人の発達と集団／92
  2．グループワークの意義と構成要素／93
2 グループワークの原則—— 96
3 グループワークの過程—— 98
  1．準備期／98
  2．開始期／99
  3．作業期／99
  4．終結期／100
4 グループワークの技法—— 101
  1．セッティング／101
  2．記録／102
  3．評価／103

第6章 グループワーク演習

1 地域子育て支援センターでの援助事例
  「育児サークルでの援助」—— 106
2 児童養護施設での援助事例Ⅰ
  「食事場面を活用した意図的援助」—— 113
3 児童養護施設での援助事例Ⅱ
  「協調性のないメンバーへの援助」—— 117
4 児童館での援助事例
  「学童保育で最上級生になった児童たちへの支援」—— 122
5 障害児（児童）デイサービスにおける援助事例
  「週一回通園してくる幼児グループ親の会での援助」—— 127

第7章 コミュニティワークの基礎知識

1 地域社会と保育――― 134
　1．保育所と地域／134
　2．保育と地域をつなげる視点／134
2 コミュニティワークの基礎知識――― 136
　1．コミュニティワークとは／136
　2．コミュニティワークの原則／138
　3．コミュニティワークの過程／138
　4．コミュニティワークの技法／140
3 子育て支援とコミュニティワーク――― 142
　1．子育て支援と保育／142
　2．課題／143

第8章 コミュニティワーク演習

1 地域子育て支援センターでの援助事例
　「地域に受け入れられる子育て支援センター
　をめざして」――― 148
2 保育所地域活動事業における世代間交流の展開
　「老人ホームへの施設訪問を通した福祉教育
　の取り組み」――― 153
3 子育てサロンの援助事例
　「子育てサロンの立ち上げから広がった保育所
　の子育て支援」――― 158
4 児童虐待防止ネットワークの事例
　「子どもの権利擁護のための児童虐待防止ネットワーク
　の構築をめざして」――― 164

第9章 ソーシャルワークの動向と課題

1 ソーシャルワークの動向――― 172
　1．ソーシャルワークの発展／172
　2．ソーシャルワークの統合化への動き／172

2　ソーシャルワークの新たな展開── 174
　1．ソーシャルワークにおける自立支援／174
　2．アドボカシーとしてのソーシャルワーク／175
　3．ソーシャルワークとエンパワメント／177
3　これからのソーシャルワークの課題── 180
　1．わが国における社会福祉の動向／180
　2．ソーシャルワーカーに求められる視点／181

索引

第1章

保育とソーシャルワーク

1　保育士がソーシャルワークを学ぶ意義

　保育士は、保育所や児童養護施設、乳児院等で働く専門職である。そして乳児や児童を対象とし、主に保育、養護の役割を果たしている。また、保育士は社会福祉の専門職でもある。保育士はソーシャルワーカーそのものではないが、実際の保育場面では、社会福祉の専門的な援助技術であるソーシャルワークの知識と技術を知っておくことで、子どもたちや家族、地域とよりよい関係が保てるようになり、問題が発生した際に解決へのよりよい援助ができる。

　今日、地域福祉の視点が強調されているなか、保育士に対して子育て支援のためにソーシャルワーカー的役割を果たさなければならないことが重要視されてきている。たとえば、次のようなケースを紹介してみよう。

▼ケース1
　今年、4歳児の担任となったA保育士はBくんのことで悩みを抱えている。Bくんは、少しも落ち着きがなく、いつも保育室内を走りまわっている。そのためか、クラス内の子どもたちも全体的に落ち着きがなく、集団としてのまとまりがつかない状況である。

▼ケース2
　保育所の自由時間に、保育室の片隅でCちゃん（4歳）が1人で泣いていた。保育所へ入園して1か月経っても、Cちゃんは、クラスの子どもたちと遊ぶことがなかなかできないでいる。新任のD保育士は、できる限りCちゃんを観察し、そして言葉かけをしながら、他の子どもたちと遊ぶことができるように配慮はしている。だが、Cちゃんはすぐにひとりぼっちになってしまっている。D保育士は、Cちゃんに対しどのようにかかわっていけばよいのかわからないでいる。

▼ケース3
　朝の8時すぎ、保育所に通うEくん（5歳）の母親から、担任のF保育士に電話がかかってきた。
　「保育所に行かないって、泣いているんです。私も仕事に行かなければならないし、どうしたらよいのかわからないんです。」

▼ケース4
　Gくんは4歳。いつも母親と家で遊んでいる。ときどきは近くの公園に行って遊んでいるが、同年齢の子どもたちと遊ぶ機会がほとんどない。

第1章　保育とソーシャルワーク

　母親は、市の広報をみて近くの保育所で地域の子どもたちを対象とした「遊びサークル」が開かれていることを知り、さっそく申し込んだ。

　ケース１のＢくんは、いわゆる多動の子どもであろう。ケース２のＣちゃんは友だちとうまく遊べない内向的な性格なのかもしれない。このように、保育所にはいろいろな子どもたちが通園している。落ち着きがない子ども、情緒障害の子ども、発達に遅れのある子ども、また、学習障害と思われる子どもも通園しているだろう。そのような子どもたちに対して、保育士はどのようにかかわっていけばよいのかわからないことも多いだろう。また、その子どもを抱える親は将来のことを含めていろいろと悩んでいるかもしれない。そこで、子どもたちやその親を援助していくために、ソーシャルワークの知識と技術が活用される。

　ケース２のような場面は、案外よくあるのではないかと考えられる。Ｄ保育士は、Ｃちゃんに対して一生懸命にかかわっている。だが、Ｃちゃんの状況は好転しない。このような場面では、ソーシャルワークの一方法であるグループワークの技術が活用できるであろう。クラスの子どもたちをグループととらえ、グループのもっている力である相互作用を活用しながら援助していくことが可能である。

　ケース３では、すぐにその場で解決していかなければならない場面である。母親としては、Ｅくんを無理にでも保育所に連れていくだろう。しかし、また次の日も同じようなことが生じてしまった場合には、母親は本当にどうしてよいのかわからなくなってしまう。そこで、母親が担任のＦ保育士に相談した場合、保育士はソーシャルワークの一方法であるケースワークの技術を

活用しながら、親の悩み・不安を援助していくことになる。具体的には、ケースワークの面接技術が活用されるだろう。

ケース4の場合、保育所が地域の子育てセンターとしての役割を果たしている典型例である。少子化や近隣との交流が希薄になっていることもあって、母親の孤立感や育児不安が生じている。保育所の保育士が、地域の子どもたちとともに遊ぶことによって、子どもたちや母親自身もいろいろな遊びを覚えていくのである。そして、子どもたちが遊んでいる間、保育士は母親から相談を受ける。また、「遊びサークル」は、とかく孤立しがちな母親同士の相互交流の場にもなる。「遊びサークル」で出会ったことがきっかけで、親同士が友だちになっていくこともあるだろう。いわば「遊びサークル」は、家族全体を支える大切な活動である。この活動は、ソーシャルワークの一方法であるコミュニティワークといえる。このように、地域に住む母親の子育てを支援するソーシャルワーカー的な役割も保育士に対し要請されている現状もある。

以上のように、ソーシャルワークそのものは保育場面でいつも活用していく方法ではない。だが、ソーシャルワークは子どもたちや母親を中心とした家族全体を支えていく大切な援助方法である。

2　ソーシャルワークの内容

人々が社会生活を送っていくなかで、病気、経済的な問題、子育ての悩み、心身の障害、寝たきりの介護の問題、ひとり親家庭など、さまざまな課題を抱えることがある。このようなことを生活課題と呼んでいる。いわば、社会福祉問題であるこれらの生活課題を解決していくためには、当人や家族の力だけでは解決できないことが多々ある。

乳幼児や児童の場合、彼ら自身や彼らを育てる家族が生活課題を抱えてしまったとき、社会福祉の視点で解決していくことが望まれる。その解決、つまり、乳幼児、児童の幸せを保障していくためには、児童福祉法をはじめとした各種法律、施設、制度の活用とともに、具体的な援助活動が不可欠である。この具体的な援助である社会福祉の援助技術が、ソーシャルワークである。

社会福祉サービスの展開には、社会福祉制度と社会福祉援助技術の双方が必要である（図1-1）。

第1章　保育とソーシャルワーク

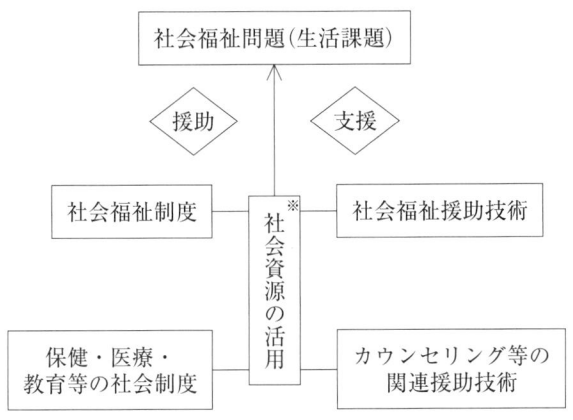

図1-1　社会福祉サービスの展開

※社会資源には、ボランティア等のインフォーマルサービスも含む。

　ソーシャルワークは、個人・集団・地域社会に対して、社会資源（問題解決のために活用できるすべてのサービス）を活用して、生活課題の解決を図ることを目的にした専門的な援助技術である。

　このソーシャルワークは、1987年「社会福祉士及び介護福祉士法」の制定のときから、社会福祉援助技術と呼称されるようになった。

　社会福祉援助技術は、次章以降で詳しく述べていくが、大きくは直接援助技術、間接援助技術、関連援助技術の3つに分類される。直接援助技術としては、個別援助技術（ケースワーク）、集団援助技術（グループワーク）の2つがある。ただし、保育士や介護福祉士の中核的な援助技術である介護福祉援助技術（ケアワーク）も直接援助技術としての見方もできる。間接援助技術としては、地域援助技術（コミュニティワーク）、社会福祉調査法（ソーシャルワーク・リサーチ）、社会福祉運営管理（ソーシャル・ウェルフェア・アドミニストレーション）、社会活動法（ソーシャルアクション）、社会福祉計画法（ソーシャル・ウェルフェア・プランニング）の5つである。関連援助技術としては、スーパービジョン、ケアマネジメント、カウンセリング、コンサルテーション、ソーシャルサポート・ネットワークなどがある（表1-1）。

　ソーシャルワークのなかで、一番基本的な援助技術は、ケースワークである。正確にはソーシャル・ケースワークというが、現場ではもっぱらケースワークと呼称されている。これは、さまざまな生活課題を抱えている個人や家族に対して、社会資源の活用や面接技術を使い、それらの問題解決を目的とした援助技術である。保育士にとっては、乳幼児の保育や養護が基本的業務であるが、現代の家族機能の大きな変化のなかで家族全体を視野に入れた家族ケースワークが強調されるようになってきた。特に、母親を対象とした

ケースワーク実践によって、母親への支援を通しての家族支援が望まれよう。

また、保育所や児童養護施設のように、子どもたちの集団が基本的な援助の対象となる場合においては、意図的なグループ経験を通しながらグループのもつ力（グループダイナミックス）を利用して、個人・集団の抱える生活課題を解決することをめざすグループワークが活用されるだろう。

このように、保育士が子どもたちに対する直接的な援助者であることから、直接援助技術であるケースワークとグループワークが多用されると考えられる。

表1-1　社会福祉援助技術（ソーシャルワーク）の種類

1　直接援助技術

　(1)　個別援助技術（ケースワーク）
　(2)　集団援助技術（グループワーク）

2　間接援助技術

　(1)　地域援助技術（コミュニティワーク）
　(2)　社会福祉調査法（ソーシャルワーク・リサーチ）
　(3)　社会福祉運営管理（ソーシャル・ウェルフェア・アドミニストレーション）
　(4)　社会福祉計画法（ソーシャル・ウェルフェア・プランニング）
　(5)　社会活動法（ソーシャルアクション）

3　関連援助技術

　(1)　スーパービジョン
　(2)　ケアマネジメント
　(3)　カウンセリング
　(4)　コンサルテーション
　(5)　ソーシャルサポート・ネットワーク

3　ソーシャルワークの活用（スーパービジョンを含む）

保育士の実践の場となっている保育所や児童養護施設等では、子どもたちや親に対してのさまざまな援助が展開されている。つまり、保育や養護と

いっているものは子どもたちに対する援助である。だが、先にみたように日々の保育や養護のなかで解決を必要とする生活課題は生じてくる。これらの生活課題を解決していくためには、子どもたちの心理的な状態や生育歴を把握しながら個別的な対応をしていくことが望まれる。また、生活型の児童養護施設、乳児院等ばかりでなく保育所においても、児童をとりまく家族関係や家族環境の把握は不可欠である。特に、児童の養護や非行問題の背景は、家族の抱える生活課題が直接、間接に影響を及ぼしていることが多い。そのことから、家族全体を支える家族ソーシャルワークが重要視されてきているのである。

　また、近年の子どもたちは集団の経験が少ない。そのため、保育所や幼稚園に通園した場合にさまざまな不適応状態を生じやすいことも考えられる。児童養護施設を代表とする生活型の児童福祉施設では、ゲーム、スポーツ、キャンプ等のプログラム活動や学習指導の場面を通して、子どもたちの心身の発達を援助していくことが必要になってくる。この児童グループワークは、児童相談所、児童館、各種障害児施設等においてもしばしば活用されている。

　ソーシャルワークは専門的な援助技術である。だが、子どもたちや家族を支えていくためには、保育士にとってソーシャルワークの援助技術は体得すべき大切な内容であるといえる。

　一方、保育士は日々の保育実践のなかで解決すべき問題に直面することがあるが、保育士１人では容易に問題解決することができないことも多い。ケース１のＡ保育士やケース２のＤ保育士のような場合には、経験豊富な上司からの適切な助言や支持が必要になってくる。この援助がスーパービジョンである。社会福祉援助者支援技術であるスーパービジョンを受けることによって、援助者自身成長していけるのである。

第2章

ソーシャルワークの意味と種類

1　ソーシャルワーク（社会福祉援助技術）とは

1．ソーシャルワークの意味

　2003年11月末に施行された「児童福祉法」には、保育士国家資格の条文が明記されている。児童福祉法第18条の4において、保育士とは「第18条の18第1項の登録を受け、保育士の名称を用いて、専門的知識及び技術をもつて、児童の保育及び児童の保護者に対する保育に関する指導を行うことを業とする者をいう」とされている。この条文から、従来のような子どもへの保育はもちろんのこと、保護者への支援が保育士の業務として法律に明記されていることがわかる。また、守秘義務の厳守や信用失墜行為の禁止なども規定されている。保育士が国家資格となったということは、社会的責任についても同時に明確になるということである。

　また、保育士が最も多く勤務している保育所の役割については、年々その多様化が要求されている。2004年10月1日に改正施行された「児童虐待の防止等に関する法律」では、児童虐待を受けた子どもに対する支援として、市町村は保育所に入所する児童を選考するに際して、児童虐待の防止や家庭の支援を積極的に行うよう考慮することが明記された（第13条の2第1項）。つまり、保育所は、児童虐待を早期に発見する役割のみならず、虐待をしてしまう保護者とその子どもへのケアについても期待されていることが、この法律からはうかがえる。

　以上のようなことからも、保育士にはソーシャルワーク（社会福祉援助技術）的な視点と働きかけが、今以上に要求されるであろう。そして、他の専門職種や専門機関とのネットワーク（連携）が特に重要となってこよう。

　社会福祉の援助技術は、一般的にはソーシャルワーク、あるいは社会福祉援助技術と呼ばれ、社会福祉の制度や施策と、援助や支援を必要とする人々との間を結ぶ活動をしている専門職が身につけておくべき技術や技法のことをいう。社会福祉は、この社会福祉援助技術によって命を与えられ実体化し、活動が展開されていくことから、社会福祉援助技術は、社会福祉の中核を形成するものであるといえる。

2．ソーシャルワークの種類

ソーシャルワークには、援助を必要とする人々に対して直接的な働きかけを行う技術・技法と、間接的な働きかけを行う技術・技法がある。

直接的な援助技法としては、個別的なかかわりを通して援助活動を展開していく個別援助技術（ソーシャル・ケースワーク：social case work）と、集団の力を通して援助活動を展開していく集団援助技術（ソーシャル・グループワーク：social group work）がある。

間接的な援助技法の代表的なものとしては、地域社会における福祉の問題や課題を把握し、住民が主体的にその課題に取り組んでいけるよう働きかけや組織化などの支援をしたり、計画を立てたり、調整を行うなどして、個々人を間接的に援助しようとする地域援助技術（コミュニティワーク：community work）があげられる。

その他に社会福祉調査法（ソーシャルワーク・リサーチ：social work research）、社会福祉運営管理（ソーシャル・ウェルフェア・アドミニストレーション：social welfare administration）、社会活動法（ソーシャルアクション：social action）、社会福祉計画法（ソーシャル・ウェルフェア・プランニング：social welfare planning）がある。

そして近年においては、直接、間接の援助技術に加え、関連援助技術として、ソーシャルサポート・ネットワークやケアマネジメント、スーパービジョン、カウンセリング、コンサルテーションなどの技術もソーシャルワークの実践に必要とされている。特に福祉サービス利用者のニーズに合わせてあらゆる社会資源を調節し、短期的・長期的な見通しの上に計画を立て、援助を展開するケアマネジメント（care management）は、利用者に効率的・効果的なサービスを提供するためにも重要視されている。

本章では、以上のような社会福祉援助技術の概要や発展経過などについて取り上げていきたい。

2　個別援助技術（ソーシャル・ケースワーク）

1．ケースワークとは

ソーシャル・ケースワーク（以下「ケースワーク」という）は、社会生活

上のさまざまな問題に直面して困難な状況に陥っている人、またはその家族に対して、直面している困難から脱出できるよう、本人や家族に対して個別的に援助していく過程をいう。この援助には、困難な状況のために精神的に不安定となっている人の心が安定するように援助を行うという心理的側面と、利用できる制度や公的機関等が行っているサービスなどといった社会資源を活用し、環境条件を調整し、具体的なサービスを提供するという社会的側面とがある。この両者を合わせもっていることから、ケースワークはかつて心理・社会療法であるといわれていた。

ケースワークでは、援助対象となる人の状況、または問題のことを「ケース」といい表し、対象となる人のことを「クライエント」、専門的な援助を行う人を「ケースワーカー」という用語で表す。このケースワーカーとクライエントとの対等な関係を軸に、ケースワークは展開されるのである。

2．ケースワークのはじまり

ケースワークの源流は、COS（慈善組織協会）の活動にみることができる。COSは1869年にイギリスのロンドンに設立され、以後アメリカなどに広がりをみせた慈善事業活動の組織である。その活動の一つに貧困者に対して「施しではなく、友人を」という考え方を掲げた友愛訪問（Friendly Visiting）活動があり、貧困から抜け出すことができるよう、具体的な指導・助言にあたったことがケースワークのはじまりといわれている。しかし、貧困はあくまでも個人の責任とし、夫婦仲や親子関係の良否、飲酒の有無などによって救済対象にするかどうかを選別するなど、人格的感化力の及ばない人は「価値のないケース」とされ、見捨てられるところに限界があった。1870年代から1890年代までの時期がこれにあたる。

1890年代から1920年代までは、慈善的・主観的態度から科学的・客観的な処遇へと変換していく時期にあたる。初めてケースワークを理論的に確立させたのが、アメリカのメアリー・リッチモンド（M.Richmond）である。リッチモンドは、クライエントの問題の原因を、クライエントの生活する状況など社会的なものにあるとした。そして、クライエント個人と社会環境との間の関係調整を行うことがケースワークであると考えた。つまり、ケースワーク過程を、個人と社会環境との間を結ぶ社会関係の調整とし、社会環境の改善を重視したのである。

3．ケースワークの系譜

　第一次世界大戦（1914〜1918年）を境に、ケースワークの中心課題は、個人と社会との関係調整から心理・精神状態などといった人間の内面へと移行していった。特に1920年代になると、フロイト（S.Freud）の流れをくむ精神分析との結びつきがみられるようになり、「診断主義」と呼ばれるケースワークが発達した。それに対してオットー・ランク（O.Rank）は、「機能主義」と呼ばれるケースワークを唱えた。機能主義は、診断主義の現在のクライエントが抱える問題を理解したり、その原因を明らかにするのに生育歴などをたどり、その人の歴史を重要視する考え方に反対した。つまり、機能主義では、問題の背景が現在の生活状況のなかにあると考え、それら生活上の障害が何かを突き止め、クライエントが従来もっている力を十分発揮しながら、問題を解決していくことができるように援助していくことを、ケースワークの過程としてとらえたのである。これが1920年代から1950年代までの時期である。

　1950年代以降のケースワークの発展には、次のような特徴が指摘されている。第一は心理主義的・精神分析的偏向への反省、第二に診断主義と機能主義の統合の動き、第三にケースワーク効果の科学的測定の試み、第四に個々の利用者を個別的にとらえるだけでなく家族単位でとらえていこうとするケースワーク概念の広まり、第五に新たなケースワークの考え方の発展、とりわけシステム理論[※1]、生態学的理論[※2]の発達などである。

　わが国では、1920年頃からケースワークという言葉が紹介され、さまざまな実践もなされてきた。近年では、利用者の潜在的な力（パワー）を引き出すエンパワメントアプローチやクライエントの健全な側面や長所に焦点をあて、それらを生かすことで問題解決を図るストレングス視点を取り入れたケースワークの実践が求められている（エンパワメント、ストレングス視点の詳しい内容については、第9章を参照のこと）。

3　集団援助技術（ソーシャル・グループワーク）

1．グループワークとは

　ソーシャル・グループワーク（以下「グループワーク」という）は、ケー

※1 システム理論
全体は諸要素から成り立っており、その個々の要素はバラバラにあるのではなく、相互に作用し合って全体を構成しているという理論。

※2 生態学的理論
生態学とは、もともと生物学などの自然科学の領域で、生物集団と環境との相互関係を考察する自然生態学として発達した学問であるが、これを、人間の生活と環境の相互関係に焦点を合わせて考察するのが人間生態学である。

スワークと並ぶ、直接援助技術の一方法である。ケースワークが、ワーカーとクライエントとの一対一の関係を軸として展開されていくのに対し、グループワークは、グループそのものを活用して、個々のメンバーやそのグループ全体が直面する問題解決の援助を図ろうとする技術である。

グループワークでは、ワーカーとグループのメンバー間で信頼関係を形成し、さまざまな活動を通してメンバー同士に仲間関係を成立させ、その力でメンバーの成長と発達を促していく。ここでいう仲間関係とは、共通する問題を抱えその解決に苦心している者同士が、グループに参加することによって、勇気づけあい、問題解決のために力を貸し合う関係のことである。

具体的には、メンバー同士の間における他者の考え、気持ち、行動の仕方などを「自分のもの」として取り入れたり、同じ問題を抱える者同士の共同の目標達成のために親密な交流がなされたりすることをいう。また他者の意見を参考にしたり、他者の話を聞いて自分を振り返ることもある。そして自分の体験をグループで話すことにより、その体験談が他者に役立ち、感謝されることもある。この場合、自分自身が役立つ体験をすることにより、自信を回復することにもつながる。こうした相互の刺激や影響の及ぼし合いのことをメンバーの「相互作用」といい、さらに、メンバーの相互作用、グループ経験のすべてを含むいっさいの活動は、プログラム活動と呼ばれる。

2．グループワークのはじまりと展開

グループワークの萌芽は、19世紀後半から20世紀初頭にかけてイギリスからアメリカに広まり発展したYMCA運動、セツルメント運動、またレクリエーション運動、労働教育活動などといった「社会改良運動」のなかに見出される。

イギリスにおける産業革命や、アメリカにおける南北戦争などによって、都市生活環境の社会問題が表面化したこの時期、さまざまな「社会改良運動」が生まれた。そこでは、知識や教養のある人たちが集団の力を通して都市社会の問題を克服しようと働きかける活動が行われた。彼らは自分たちの知識や教養を貧民にも分け与え、精神的に励まし、生活向上に向けての意欲を奮い起こさせようとしたのである。1920年代から1940年代においては、グループワークの確立と、グループワーカーの専門職化が図られた時期である。

それまでのグループワークは教育分野なのか、社会事業なのか、あるいは社会運動の一種なのか明確でなく、未確立であるとされていた。しかし、1935年のアメリカにおける全米社会事業会議（National Conference of Social

Work；NCSW）で初めてグループワーク部門が設置され、グループワークは社会福祉援助技術の一つの技法として確立されたのである。そこでは大恐慌によって荒廃した社会の青少年をよき市民に健全育成する方法として注目された。さらに1946年から1955年の間に、G.コイル（G.Coyle）、H.トレッカー（H.Trecker）らによってグループワーク理論の体系化が図られていったのである。

このように、社会福祉援助技術の専門技術として位置づけられることと同時に、それまでの青少年の健全育成の領域を中心とする活動から、治療的処遇の領域においてもグループワークが活用されるようになっていった。これによって、ほとんどケースワークと同様のニーズをもつ人がグループワークの対象となっていったのである。

わが国においては、戦前にも、何らかの形でグループワークが紹介され実践されてはいたが、社会福祉分野における援助技法として本格的に導入されたのは、1948年から1949年に行われた厚生省主催による講習会を通してであった。しかし、ケースワークと比較して現在の実践現場においてもまだ十分にグループワークが理解され普及されるまでには至っていないのが実情である。グループがもつ学習・治療効果の研究を深める実践と、わが国の集団観に基づく実践の積み重ねがこれからも求められていくであろう。

4　地域援助技術（コミュニティワーク）

1．コミュニティワークとは

コミュニティワークは、ケースワークやグループワークのように、直接的に対象者（問題を抱える人）との関係を通して援助していくのではなく、地域社会（コミュニティ）における福祉的ニーズを明らかにして、そのニーズを満たすために地域の社会資源を調整、整備、開発したり、当事者の組織化を進めるなど、問題解決のための側面的支援を行い、対象者に対して間接的に援助を提供することを目的としている。

この援助技術は、住民の自主的・自発的参加を促し、自助をすすめることに特徴がある。そして公民協働[※3]の活動が促進されるよう側面から援助するのであるが、あくまでもその主体は住民である。

コミュニティワークの過程については、これから取り組もうとする問題の

※3 公民協働
地域福祉の向上のために、行政や福祉事業者と住民がお互いの役割と責任を果たし、協力して取り組むこと。

状況について明らかにするために、地域住民の福祉ニーズを把握することが第一段階である。そのためには、社会福祉調査の知識や技術が必要となってくる。その際、地域診断や調査活動を行う当初から、住民がそのプロセスに加わり、住民自身が地域の問題を見出し、問題解決の主体になっていくことが重要である。

地域が抱える問題としては、保育所の保育条件や高齢者のひとり暮らしの問題などの福祉問題以外にも、公害問題やゴミ収集問題などといった環境・衛生上の問題などがある。また、地域の利用施設の不備や地域産業の不振などのような社会・経済上の問題などもあげられるが、ここでは福祉の問題を軸に、その他の問題の関連性を把握していく。

地域社会の実態が把握され、地域福祉ニーズが把握された段階で、緊急性が高いなど優先的にとりあげる問題を確定したり、問題解決につながりそうな社会資源（人的・物的・経済的資源）を把握していく。

そして、地域の福祉ニーズを満たすために、新たなサービスを開発したり、人材育成や福祉教育に取り組んだり、人と人や関係機関、地域組織等の連携を維持・強化するための連絡・調整を行う。なお、これらの取り組みや活動を円滑に実施するために、活動の内容・期間・方法・予算についてあらかじめ計画する必要があり、この計画は地域福祉計画などと呼ばれる。その他、計画案や活動内容を、住民一般に広く知らせるための広報活動や、資源開発（たとえば、新たに病児保育サービスを設立すること等）のための公的機関などへの社会活動（ソーシャル・アクション）などが、活動の内容に含まれる場合もある。

その後計画し、実行してきた活動が当初の目標に比べてどの程度まで実現できたか、また、その活動方法が適切なものであったかどうかを評価する段階になる。活動の一区切りごとに評価をして振り返りを行うことは、従来の活動内容の修正や活動目標の再確認といった点で重要なことであるといえる。

2．コミュニティワークの考え方

コミュニティワークは、アメリカにおいて展開されてきたコミュニティ・オーガニゼーションの理論を継承し、1960年代からイギリスで台頭してきた概念であり、コミュニティ・オーガニゼーションを含める広い意味をもつ概念であるととらえられている。ここでいうコミュニティ・オーガニゼーションは、地域社会内で発生する住居問題や生活困難などといった社会的な問題や、住民のニーズなどについて、住民らが自らの力で解決を図れるよう、側

面的に援助する援助過程の一つである。

　このコミュニティ・オーガニゼーションは、①オーガニゼーション（組織化）という言葉からくる、「援助する側とされる側」という上下関係をにおわせるニュアンスではなく、むしろ、住民主体のもとに地域住民とともに地域福祉活動を進めることが大切である、②ノーマライゼーション（normalization）という考え方により、在宅における福祉ニーズが増大するなかで、地域の組織化という課題とともに、ニーズを満たすためのサービスの組織化が叫ばれるようになった、などといった理由等から、限界が生じてきた。そこで、さらに住民主体・住民参加を重要視しながら、あわせてさまざまな福祉ニーズをもつ高齢者や障害者などが地域のなかで生活しやすいまちづくりを目標とするようになった。すなわち地域福祉を充実させようという思想の実現化を意図した、コミュニティワークという考え方が取り上げられるようになってきたのである。

3．コミュニティワークの沿革

　コミュニティワークの基盤となるコミュニティ・オーガニゼーションは、ケースワークと同様にCOSの活動に萌芽をみることができる。COSは、援助の必要な人やその家族を登録し、慈善事業団体に対してその援助のかたよりやもれがないよう、連絡・調整を行うことを目的として設立された。また共同募金運動を行う団体へも、同様の働きかけを行った。このような形で、地域の連絡・調整役を担う実践の積み重ねにより、問題を抱える個人やその家族、またその集団に直接的に援助する方法のみならず、地域全体を援助の対象として、活動を行う必要性が重視されるようになった。その具体例として、地域内で行われる援助活動を広く知らせる広報活動や、地域内の住民に対してボランティア活動の啓発を行い、援助の必要な人に対してそのボランティア活動者を紹介することなどがあげられる。

　1930年代には、コミュニティ・オーガニゼーションの機能は、社会資源を地域社会の福祉ニーズに応じて調整することに重きが置かれるようになり、ニーズ把握のための調査や住民参加が強調された。

　その後、第二次世界大戦を経て1950年代までの時期には、社会問題の発生を予防することに関心が向けられ、広く住民参加を求める方向が強調されるようになった。そのための方法として、W.ニューステッター（W.Newstetter）によって、地域社会を構成するさまざまなグループとグループ間の関係調整を重視する「インター・グループワーク論」や、全住民

の直接参加や協力の態勢づくりを重視する理論が体系づけられ、コミュニティ・オーガニゼーションも社会福祉の専門技術として位置づけられるようになったのである。

　1960年代以降は、コミュニティ・オーガニゼーションそのものに多様な展開がみられる時期である。この展開の一つの現れとして、コミュニティ・オーガニゼーションがコミュニティワークという考え方に発展していったことや、問題の集積した地域や貧困層への組織化を図る「社会変革アプローチ」、専門家の福祉計画活動をメインとした「社会計画的アプローチ」、さらにノーマライゼーションの思想と結びついた社会福祉活動などが活発に展開されたのもこの時期である。

　このアメリカで発展したコミュニティ・オーガニゼーションの理論と、主にイギリスで展開されたコミュニティワークの理論がわが国に紹介されたのは、第二次世界大戦後である。そして、その中心的役割を社会福祉協議会が担ってきた歴史がある。しかし近年は、多くの社会福祉施設において地域活動が活発化しており、なかでも保育所におけるコミュニティ活動は、毎日通う子どもとその保護者のみならず、地域で子育てをする親子にも開かれている。また、子どもと高齢者との交流事業など、地域住民を視野に入れたさまざまな活動が展開されている。

5　その他の社会福祉援助技術

1．社会福祉調査法（ソーシャルワーク・リサーチ）

　人々のもつ問題やニーズに対して適切な援助活動を行うための基礎的な資料を提供することを目的とした、すべての社会福祉活動の基本となる技法である。

　社会福祉調査法は、一般でいわれる社会調査と、その方法に違いはない。しかし、単なる実態把握や傾向把握のためだけに行うのではなく、その基本に社会そのもの、あるいはさまざまな問題の改善のために実施するところに特色がある。

　調査の例としては、ひとり暮らしの高齢者世帯が地域にどの程度あり、生活実態はどのようであるかを調べるといった「実態調査」や、地域住民の福祉に関する意識を数値的に把握する「統計調査」、あるケースワーカーが行っ

た面接や支援が、どの程度クライエントに安心感や満足感を与えたかを調べるといった「効果測定」などがある。

2．社会福祉運営管理（ソーシャル・ウェルフェア・アドミニストレーション）

この援助技術の概念は、社会福祉施設機関の運営管理から、広く所得、医療、教育、住宅の保障のための運営管理をも含んだ福祉国家論にまで波及している。これを狭くとらえて社会福祉施設運営管理論と理解した場合、①機関施設の目的、機能、方策の決定とその明示、②機関施設の組織の明示、③人事管理、④記録作成・報告・広報活動、⑤財政に関する仕事、の５つの機能が主な内容となってくる。

3．社会活動法（ソーシャルアクション）

地域住民のニーズを満たすための、社会福祉の制度や施策改善を目的とした福祉運動のことをいう。社会活動法は、コミュニティワークの過程において、並行して用いられることが多い。この技法は、社会福祉に関する社会資源がまだまだ乏しい日本においては、きわめて重要である。特に社会福祉現場においては、発言する力に限界がある子どもや知的障害者、行動力に制限がある身体障害者や高齢者などがその活動の主体者であることを考えれば、さまざまな条件整備の必要性がある。

4．社会福祉計画法（ソーシャル・ウェルフェア・プランニング）

福祉ニーズに対するサービス提供の基盤整備や、既存の社会資源の有効活用、マンパワーの養成・確保など、数値目標や実施目標を掲げ、そこに至るプロセスを計画化することによって、福祉を効果的・効率的に実施していく技法である。従来はコミュニティワークの一方法として位置づけられていたが、今日では、間接援助技術の一つとなっている。

社会福祉計画には、少子・高齢社会に対応するために「今後５か年間の高齢者保健福祉施策の方向」（ゴールドプラン21）や「重点的に推進すべき少子化対策の具体的実施計画について」（新エンゼルプラン）などが国レベルで策定されているほか、都道府県や市町村レベルでも、地域福祉計画をはじめ、高齢者や障害者、児童福祉分野などで計画が策定されている。また、民間の社会福祉計画としては、社会福祉協議会が策定する「地域福祉活動計画」が

ある。

5．ケアマネジメント

　最近においては、問題が複雑化したケースに、社会福祉の援助技法と多種多様な社会資源を用い、統合化して支援していこうとする動きが重要視されている。このような考え方は、英米において1970年代後半からとりあげられるようになり、日本では特にケースマネジメント（case management）という言葉で1990年代に積極的な導入が図られるようになった。その時代、白澤政和は、ケースマネジメントを「対象者の社会生活上での複数のニーズを充足させるため適切な社会資源と結びつける手続きの総体」と定義した。

　これらの考え方に加えて、現在求められているのはケースワークの範囲内でさまざまな技法・社会資源を調整し、個々のケースに対応するケースマネジメントの考え方にとどまらず、広く社会資源そのものにどのようなものがあるかを調べ、調整していくことや、技法のなかで問われるケアの内容について見直しを図ったり、開拓を行ったりすることも含めてマネジメントしていくとする、ケアマネジメント（care management）という考え方に発展させていくことの必要性である。つまり、マネジメントするのは個々のケースではなく、ケアの内容であるとする考え方である。そしてその根底には、人々を柔軟性のないサービスに合わせるのではなく、確認された要求や問題に対して、その問題解決を図るための社会資源を中心としたサービスを結びつけていくという考え方である。

　ジョアン・オーム（J.Orme）らは、ケアマネジメントを「アセスメントを受け、そのニーズがサービス供給を受けるのに十分な優先順位にあるとみなされたクライエントに対するケアパッケージを組織化し、監督する仕事」としている。

　そして、このケアマネジメントは、主に以下のように展開される。

① ケース開始時期

　クライエントからの要求や問題の確認を行い、ケースの評価（何が問題か、クライエントは何を望んでいるのか、クライエントのワーカビリティはどのようか、などといったことをチェックする）を行う。そして、ケアプランを作成するために、問題やケア内容の優先順位を決定し、確認していく。

② サービスの提供

　サービス提供者（ワーカー）は、サービスの見守りと調整を行いつつ、ケア内容の質をチェックする。クライエントは、自分自身のケアプランを実施

するための計画を立てる。
　③　ケースの見直し
　ケアプランの評価を行う。必要な場合は、再度、問題状況の評価のやり直しを行う。

6　ソーシャルワークの専門性と倫理

　ソーシャルワークのプロセスそのものは、利用者一人ひとりの人権に深くかかわるものである。そのため、ソーシャルワークの実践者は、鋭い人権感覚をもちつつ、利用者が必要としていることをすばやく理解し、効果的な支援を行う必要がある。このため支援者には高い専門性が必要とされる。

　そこでソーシャルワークを構成する3つの要素を確認しておきたい。それは「知識・技術・価値」である。これら3つの基本的要素が充実してこそ、専門的で効果的なソーシャルワーク活動といえる。

　ソーシャルワーク活動では、人が抱える問題が複雑多岐にわたる現在にあって、実に多様な専門的「知識」が求められる。また、社会福祉に関連することはもちろんのこと、医療、心理、経済、教育などの関連領域の知識についても必要とされる。

　本章でみてきた各種専門「技術」はもとより、保育士をめざす人にあっては、保育の技術がソーシャルワークを展開する上で有効に働くであろう。社会福祉援助技術と保育の技術が、子どもや子どもをとりまく大人の生活を豊かにしていくものといえる。また、カウンセリングや心理療法、介護を含むケアワーク等の隣接領域の技術も有効である。

　「価値」は援助活動を正す役割をもっている。つまり、「知識」や「技術」を方向づけるのが価値である。援助活動の指針となる専門的価値を、専門職の行為や態度の規範という形で具体的に明文化したものに「倫理綱領」がある。わが国のソーシャルワーク活動においては、日本ソーシャルワーカー協会によるものが有名である。また、保育士の倫理綱領としては「全国保育士会倫理綱領」がある。この前文には「私たちは、子どもの育ちを支えます。私たちは、保護者の子育てを支えます。私たちは、子どもと子育てにやさしい社会をつくります」とある。

　まさに私たちはこれらのことを実現するため、「価値」を基盤にして援助者自身の「知識」や「技術」を高めながら、実践を続けなければならないとい

えよう。

<引用・参考文献>
鈴木依子『社会福祉のあゆみ－日本編－』一橋出版　1996年
西尾祐吾編『新版社会福祉の基礎』八千代出版　2001年
山田美津子『社会福祉のあゆみ－欧米編－』一橋出版　2002年
伊藤悦子・辰己隆編『保育士をめざす人の児童福祉』みらい　2002年
山本伸晴・白幡久美子編『保育士をめざす人の家族援助』みらい　2003年
久保紘章・北川清一・山口稔編『社会福祉援助技術論』相川書房　2002年
成清美治編『新・社会福祉概論』学文社　2004年
筒井のり子『ワークブック社会福祉援助技術演習－コミュニティソーシャルワーク－』ミネルヴァ書房　2004年
岩間伸之『ワークブック社会福祉援助技術演習－グループワーク－』ミネルヴァ書房　2004年
山辺朗子『ワークブック社会福祉援助技術演習－個人とのソーシャルワーク－』ミネルヴァ書房　2004年
白澤政和『ケースマネジメントの理論と実際－生活を支える援助システム－』中央法規出版　1992年
ジョアン・オーム　ブライアン・グラストンベリー編著　日本社会福祉士会監訳　杉本敏夫訳『ケアマネジメント』中央法規出版　1995年

第3章

ケースワークの基礎知識

1　ケースワークの基礎知識

1．ケースワークとは

　ケースワークの母と呼ばれ、ケースワークの理論的体系を成したM.E.リッチモンドは、ケースワークを「人間」と「社会環境」との間を個別的に調整することによって、人間のパーソナリティ（人格）の発達を促す過程であると定義した。また、S.バワーズ（S.Bowers）は、ケースワーカーは、対人関係における技術を用いて、相談者の個人的な力と社会資源を活用しながら、「人間」と「環境」の間によりよい適応をもたらすとした。
　このように、ケースワークでは本人のみならず、本人をとりまく環境の双方、本人と環境の関係に焦点をあてる。つまり、ケースワークとは、相談者（クライエント）と環境の関係性を見直し、クライエントのみならず、環境をも改善することで、クライエントの社会的適応をめざす過程なのである。

2．ケースワークの構成要素

　H.H.パールマンは、ケースワークの構成要素として4つのP──①人（person）、②問題（problem）、③場所（place）、④過程（process）をあげている。
　①**人（person）**：ケースワークにおいては、援助を求めている人（クライエント）が存在する。クライエントは、生活において苦渋や苦痛を経験している。しかしパールマンは、クライエントを、問題を解決するために援助を求める動機と問題を解決するだけの能力をもつ主体的な存在ととらえた。クライエントは、援助を求めるに至るまで、何とか自分なりにやってきている。クライエントなりの経験や工夫、問題を解決してきたスキル（技能）、クライエント個人のインフォーマルな資源をもつ存在である。つまりクライエントは、ただ援助を受けるだけの受身の弱者ではなく、援助を利用しながら、自らの手で生活をつくり出すことのできる主体的で能動的な存在である。
　②**問題（problem）**：ケースワークには、問題がある。問題はクライエントが「人と環境との間に調整を必要とする」ものである。必要な資源がない、資源をうまく利用するための対処方法がない等により、人と環境との相互作用がスムーズにいかない場合、ニーズが満たされず人は不適応に陥る。その

ため、ただ資源を動員すればよいというわけでもない。クライエントのみならずクライエントをとりまく環境との関係性に焦点をあて、そこから生じる問題をとらえる必要がある。

　③**場所**（place）：ワーカーは、ある社会福祉機関や施設に所属している。つまりワーカーは、1人の個人的な人としてクライエントを援助するのではなく、あくまでも「機関に所属する人」として、クライエントとともに、クライエントの問題を解決するため、また、幸せのために働く。したがって、ワーカーが提供できる援助の範囲には限界がある。ワーカーは、自分の限界と制限について知る必要がある。

　④**過程**（process）：ケースワークには、過程がある。ワーカーは、プロセスに従って、クライエントを援助する。ワーカーやクライエントの個人的な関心や興味で、話を進めてはいけない。いつの間にか、目標からずれていたり、問題や目標がすり変わっていたりすることのないよう、ワーカーは援助過程についての見通しをもち、援助の進み具合を自覚し、問題の解決に沿って、面接を進めなければならない。

3．ケースワークの原則

　ワーカーが、クライエントを援助しようとするときに必要となる、バイスティック（S.J.Biestek）の7原則とよばれる専門職者の原則がある。ワーカーは、7つの原則に添いながら援助関係を築くことが大切である。

　①　**クライエントを個人としてとらえる（個別化）**

　ケース一つひとつは、その問題の性質によっても、また、クライエントのパーソナリティ、生育歴などによっても異なる。クライエントの問題、ニーズには共通性もあるが、問題やニーズについての個人のとらえ方は、一人ひとり異なっている。そのため、同じケースや問題はないといえる。よって、ワーカーは、クライエントの「問題について」ではなく、「問題をもったクライエント、一人ひとり」を理解しなければならない。そうすることで、問題の真意を把握できる。

　②　**クライエントの感情表現を大切にする（意図的感情表現）**

　クライエントに、援助を求める動機づけがあっても、問題解決に向けて、肯定的で前向きであるとは限らない。本人は問題を解決したいが、どうすればよいかわからないという困惑や戸惑い、不満、憤りなど、否定的な感情を経験していることもある。ワーカーは、クライエントの感情の表出をとどめず、肯定的な感情のみならず否定的な感情の表出をも促す。クライエントが

表出しにくい否定的な感情こそが、問題解決への入り口でもある。

③　援助者は自分の感情を自覚し吟味する（統制された情緒的関与）

　クライエントは、面接を重ねるたびにさまざまな感情を表出するようになる。ワーカーの、クライエントについての理解も深まってくる。ワーカーは、クライエントの辛さや憤り、自暴自棄、喪失感など、いろいろな感情をともにする。ワーカーも人間であり、クライエントの表出する感情に反応し、揺り動かされる。そのとき、ワーカーは、クライエントとワーカー自身の感情を知り、問題解決の目標を達成するために感情を吟味する。そしてワーカーは、あくまでも、クライエントの問題を解決するために、援助関係で生じたクライエントおよびワーカー自身の感情を用いるのである。

④　受けとめる（受容）

　クライエントは、これまでの人生を、自分なりに最善を尽くし、自分なりの方法と工夫で生きてきた。クライエントには、自分なりの考え、価値観、生きる知恵、方法がある。確かに、クライエントが用いてきた、これまでの方法は不適切であったり、現状とうまく合致していないことがあるかもしれない。だが、そのことによって、クライエントの「人そのものの価値」が損なわれることがあってはならない。ワーカーは、クライエントが、どのような状況、どのような価値観、問題をもっていても、そのまま価値ある人として受け入るよう努めなければならない。

⑤　援助者の価値観で決めつけてはいけない（非審判的態度）

　クライエントの価値観、あり方、問題によって、クライエントをワーカー自身の価値観や基準で判断し評価してはいけない。ワーカーが、クライエントを判断・評価しそうになるときは、往々にしてワーカーがクライエントについて十分理解できておらず、ワーカー自身が苛立ち、クライエントとのずれを覚えていることが多い。このような場合、ワーカーは、ワーカー自身の経験に気づき、クライエントに対する態度を吟味する必要がある。もし、ワーカーがクライエントを評価し判断しはじめると、クライエントは安心して自分のことを語らなくなり、真のクライエントの姿や問題が把握できなくなる。

⑥　決めるのはクライエント自身である（自己決定）

　ワーカーは、クライエントが、自分で問題を解決していけるよう援助する。問題を解決するということは、クライエントがもつ潜在能力を発揮して、問題に対処する能力を身につけるということでもある。ワーカーが、クライエントに変わって、問題を解決することはできない。ワーカーは、クライエントがこれらの能力を培い成長するよう側面から援助するのみである。そのた

めワーカーは、ワーカーがよいと思った方向性や方法をクライエントに押しつけ、当てはめるのではなく、クライエントが問題解決に向けて自らが適切とする方向性と方法を選びとっていくよう援助する。

⑦ 知り得た情報の秘密は絶対守る（秘密保持）

ワーカーは、クライエントが話した内容を本人の許可なしに他者に話してはいけない。ワーカーは、「ここでの話を他者に、あなたの許可なしに話すことはない」ということを事前に告げる必要がある。ワーカーが、そのように伝えることで、クライエントは安心して自分の内なるさまざまな思いを語ることができる。このことは、信頼関係を築く基盤となる。

2　ケースワークの過程

1．インテーク（受付）

ケースワークの最初の段階はインテークと呼ばれる。この段階では、クライエント、もしくは、クライエントと関係がある他者が施設や機関を初めて訪れる。この段階で、ワーカーは、①相談しやすい雰囲気をつくる、②問題を明確にする、③役割とサービスを明確にする。

① 相談しやすい雰囲気づくり

クライエントおよびクライエントをとりまく他者は、これまでの生活のなかでいろいろ自分なりに考え、それでも解決、解消できない葛藤や戸惑い、不安、満たされないニーズを抱えて来所する。クライエントのなかには、問題をもっている自分を責め、自責の念さえ抱いている人もいる。そのようななか、勇気を振りしぼって訪れるのである。ワーカーは、まずクライエントが来所までに抱えてきたさまざまな思いをねぎらい、どのような問題をもっている、どのような状態にあるクライエントでも、そのまま受け入れ、来所してくれたことを歓迎し温かく迎える。そこで、クライエントの話を熱心に傾聴し、クライエントがほっとでき、話しやすい雰囲気をつくることを心がける。

② 問題の明確化

クライエントのすべてが、自分の問題やニーズをはっきりと自覚しているとは限らない。「自分がいったい、何で悩んでいるのか」「自分はいったい、どうしたいのか」「自分は何を求めているのか」など、わかっていないことも

多々ある。ワーカーは、この点についてクライエントを問いつめるのではなく、クライエントから話を聴きながらニーズや問題を明確にしていく。ワーカーは、インテークのときにクライエントから家族構成、住所、職業、年齢、性別等の情報を得るが、これは、クライエントを取り調べるためではなく、クライエントが困っている問題の状況がどのようなものであるかを、具体的に知るためのものである。さらにワーカーは、クライエントの問題現状を把握するだけではなく、クライエントが、その状況をどのようにとらえているかも理解する。それが、問題の全貌を知る重要な鍵となる。

③ 役割とサービスの明確化

クライエントの問題やニーズが明らかになった時点で、その問題が、ワーカーが所属する機関のサービスで満たすことができるかどうかを判断する。ワーカーには、できることとできないことがあり、ワーカーには限界があることをクライエントに知らせる。ワーカーは、所属機関でクライエントのニーズを満たすことができる場合にはクライエントと契約を結ぶ。しかし、所属機関でクライエントのニーズが満たせそうにない場合には、クライエントに他の機関についての情報を提供したり、他の機関を紹介することが必要となる。

2．アセスメント（調査・診断）

クライエントから得られた情報やクライエントをとりまく他者によって提供された情報から、問題や状況がどのようなもので、問題がどのようなことから派生しているかについての診断を行う段階がアセスメントである。従来のケースワークでは、医学モデルに基づき、問題の原因は、クライエント「個人」にあり、クライエントの身体、機能的側面、心理的側面が重視され、それらを治療することが強調されてきた。ところが、近年、生活モデルによる援助が重視されている。ここでは、その問題がクライエントのニーズを満たすだけの環境が整っていないために起こっているのか、ニーズを満たす環境があっても、それを利用するだけの能力が発揮されていないために生じているのかを考える。たとえば、不登園児のアセスメントでは、園児の心理的な未熟さ、社会的スキルの未発達さだけではなく、園児をとりまく家庭環境、地域環境にも焦点を向ける。すると、園児が登園する前に、母親が働きに出なければならないことや家庭から園までの距離が遠いことなど、その園児のニーズに見合う環境が整っていないことが明らかになる。このようにワーカーは、クライエント「個人」のある一側面だけではなく、クライエント

第3章　ケースワークの基礎知識

「個人」と、クライエントをとりまく「環境」との双方に焦点を向け、両者にどのような関係が成り立っているかを手がかりにアセスメントする。

なお、クライエント「個人」とクライエントをとりまく「環境」との関係がどのようになっているかを図示する方法の一つにエコマップがある。これは、クライエント「個人」とクライエントをとりまく家族、親類、隣人、友人等、また地域にある施設や機関との関係性をみるものである。それらは、ストレス関係、希薄な関係、資源・エネルギーのある関係との観点からとらえられ、どの関係性を調整すればよいかの手がかりが得られ、援助目標が明らかとなる。

たとえば、常に登園が遅れる園児のアセスメントをエコマップで表すと、図3-1のようになる。園児には母親がいるが会社勤めのため迎えが遅く、夕食、お風呂、就寝は深夜にもなる。そのため、朝、園児の機嫌が悪く登園が遅れ、園での適応がうまくいかない。このような場合、園児は母親からのストレスを受けており、園児の保育園での不適応が生じていることが理解される。そこで、園児だけではなく園児をとりまく母親支援のための援助目標が必要となる。

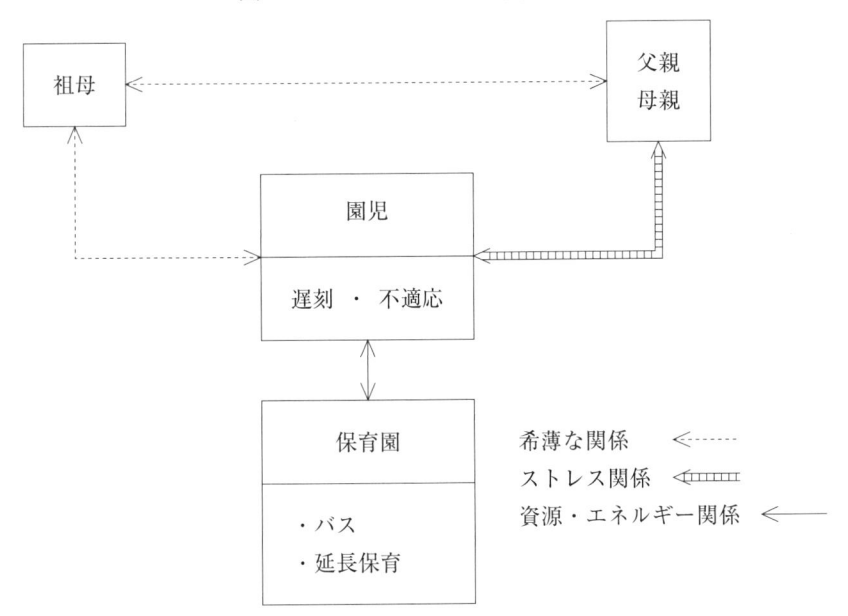

図3-1　エコマップの一例

```
[祖母] <------> [父親 母親]
   ↑              ↑
   ↓              ║
   [園児]  <═════╝
   遅刻・不適応
     ↑↓
   [保育園]      希薄な関係    <------
   ・バス        ストレス関係  <══════
   ・延長保育    資源・エネルギー関係 ←───
```

社会福祉士養成講座編集委員会編『社会福祉援助技術』中央法規出版　2001年 p.133を参考に、子育て支援用のエコマップを独自に作成。

3．プランニング（目標・計画の作成）

　アセスメントの次は、得られた情報をもとに問題を解決するための目標を作成する段階がある。この作業は、クライエントもしくは、クライエントをとりまく他者とともに行い、誰が、何を、どこで、どのように行うかということを具体的にする。問題は、クライエント「個人」だけの原因で生じているとは限らない。クライエントとクライエントをとりまく「環境」との関係がうまくいかないことによって生じていることが多い。そのため、この段階ではクライエントと、クライエントをとりまく他者にも協力してもらい、問題を解決するためのそれぞれの目標を設定し計画する。たとえば、先の不登園児の事例では、園児本人には、夜早く寝て、朝早く起きるという目標を設定する。このほか、母親の出勤時間を遅らせることはできないか、祖母の援助を得、早く園児を寝かすことはできないか等、父親が代わりに園児を起こし登園させられないか、夫婦間での役割を見直し、それぞれの目標と計画を立てる。

4．介入・実施

　問題解決に向けての目標が設定されれば、ワーカーが、クライエントやクライエントをとりまく他者がその目標を実行できるよう援助する段階がある。ワーカーはクライエントが目標を達成できているかどうかを見定め、達成できている場合には賞賛をし、クライエントの対処能力を強化する。達成できていない場合には、目標、動機づけ、対処能力、目標の達成を阻む環境要因を見直す。ワーカーは、クライエントのみに働きかけるのではなく、クライエントをとりまく環境にも働きかけ、両者間の調整、修正を行うことでクライエントの対処能力が発揮しやすい状況をつくる。先の例では、ワーカーは、園児の対処能力を強化するとともに、ニーズを園に代弁し母親の育児の大変さを知ってもらい、園との交渉を行い、延長保育、スクールバスの活用を検討する。また、園児をとりまく人的環境の調整、たとえば祖母のサポートが得られないかの検討等もする。このように、ワーカーは代弁機能、調整機能、仲介機能、促進機能などの機能を担う。

5．事後評価

　ワーカーは問題解決に向けて、クライエントがある目標を達成するよう援

助し、その最終段階では、その目標がどこまで達成されたかを見直す。問題の解決がうまく進まなかった場合には、ニーズと目標、目標とその達成方法とが合致していたかどうかについて、これまでの援助過程を振り返る。ワーカーは、そこで得られた経験や知識を今後のさらなる技法の構築に反映させる。また、ワーカーが所属する機関に、クライエントのニーズを満たすだけのプログラムが十分に計画できなかったと評価されれば、ワーカーは、ニーズを満たすことのできる別の機関を紹介する。問題が解決して目標が達成された場合には、その成果をクライエントとワーカーが分かち合い達成感を共有する。ワーカーは、これまでの援助過程でクライエントが体験し得たものをクライエントとともに再確認し、これからの行動化をさらに促すよう試みる。クライエントにとっては、問題が解決したといっても、それは問題が完全に解消したということではなく、問題を解決するある方向性が見い出せ、それに対処しうる能力、対応力がつき、環境が整ったということであり、今後も現状を維持していくための試みは続くのである。

3　ケースワークの専門的態度

1．ケースワーク関係

　援助が必要な人を支援していく上で、まず、ワーカーに求められる基本的なことは、「ワーカー・クライエント関係」を築くことである。この関係が形成できるか否かによって、ケースワークの展開は大きく異なる。この専門的な援助関係では、クライエントは、ワーカーを信頼し自分の考え、感情を自由に話し、問題解決に向けて自分の力を信じ決定していく。このような援助関係は、自然に生じるのではなくワーカーの人格そのものを含む専門的なかかわりによって形成される。

2．ソーシャルワーカーのクライエントに対する接し方

　「ワーカー・クライエント関係」を築くために必要となる、ワーカーの態度についてあげる。カウンセラーであったC.R.ロジャーズ（C.R.Rogers）は、援助者が、クライエントにかかわる際に欠かすことのできない、絶対的に必要とされる3条件を考えた。

① 純粋性

純粋性は、自己一致といわれる。これは、ありのままの自分に気づいている、そして、それを受け入れていることである。ロジャーズは、「経験に開かれている」という言葉を用いている。ワーカーも1人の人間であり、クライエントの話を聞くことで、さまざまな感情を経験する。クライエントの話を聞きながら、常に心地よさを経験しているとは限らない。クライエントの話にいつの間にか苛立ち、わかりにくさを覚えることもある。援助関係では、ワーカーが経験する心地よい経験より、不快な経験こそが真実への糸口であることが多い。通常人は、不快経験に対しては注意を払わないか、それらに耐えられず回避、無視しようとする。そうすることで、結果としてクライエントに沿えず、あるときはクライエントを無意識に傷つけることさえある。そこでワーカーは、自分の「今、ここの経験」に注意を向け、それらが自分にとってどんなに受け入れがたいことでも、じっと静かに見守り、丁寧に一つひとつ吟味する必要がある。

② 無条件の肯定的配慮

無条件の肯定的配慮は、ワーカーはクライエントが語るどのような内容も評価しないで、そのまま温かく受け入れることである。ワーカーがクライエントの話を積極的に理解しようと傾聴することにより、クライエントは自分の感情や考えを自由に話すようになる。その内容のすべては、「事実」が正しくとらえられたものばかりではない。本人によって歪められ、意味づけられているものもある。だが、ワーカーは、何が正しいかということをワーカーの価値や基準で評価しない。そうではなく、ワーカーはあくまでもクライエントがとらえている世界をそのままの姿で知り、理解しようとする。そうすることによりクライエントは、自ら、自分のとらえ方、意味づけを吟味するようになるのである。

③ 共感的理解

共感的理解は、クライエントが感じたことをワーカーが「あたかも、自分自身のもののように」感じることである。これは、ワーカーが、クライエントの感情に巻き込まれることではない。ワーカーがクライエントの経験を共有することで、クライエントは、ワーカーにわかってもらっているという実感や1人ではないという安心感をもつようになる。そうすることで、クライエントは自分でも知らずにいた、見たくなかった世界を、勇気をもって探求できるのである。ワーカーがクライエントの感情に巻き込まれてしまっては、クライエントは安心してこれらの作業に取り組むことができない。あくまでも共感的理解は、ワーカーがクライエントの経験を共有する、理解すること

であり、ワーカーがクライエントと一体化・同一化することではないのである。

4　ケースワークの技法

　ワーカーが、援助関係に基づきクライエントを援助する際に「技法」が必要になる。「技法」というと、ワーカーがクライエントのためになることを教えたり言ったりすることと思われるが、そうではない。「技法」は、先に述べたワーカーの専門的な態度に基づき、ワーカーがクライエントの世界をさらに知り広げようとするための方法という側面がある。もう1つは、ワーカーがクライエントの世界をどのように理解したかを伝えるという側面がある。これらには非言語的（ノンバーバル）なものと、言語的（バーバル）なものとがある。

1．非言語的コミュニケーション

　非言語的（ノンバーバル）コミュニケーションのうち、視線や表情・体勢・音の調子についてみてみよう。

(1)　視線や表情

　ワーカーは、クライエントが語るとき、「どこを見ているのだろう」「どのような表情をしているのだろう」と、クライエントの目や顔を見ながら話を聴くことが基本となる。ワーカーが、クライエントの目や顔を見ながら話を聴くことは、ワーカーがクライエントの話に集中しているということをクライエントに伝えることにもなる。また、ワーカーがクライエントの目や表情を観察することで、本人の話す言葉以上に多くのことを読みとることができる。クライエントの眼の動きや眼の輝きがさっと変わり、表情が変化することがある。ワーカーは、このようなクライエントの視線や表情の動きから、クライエントの動揺・苦痛・葛藤・不安などを知ることができるのである。

(2)　体勢や身体の動き

　ワーカーは、どのような姿勢でクライエントの話を聴いているのだろう。人が、自分にとって大切な人、関心のある人と向き合うとき、どのような姿

勢をとっているのだろう。腕を組み、足を組み、のけぞっているだろうか。積極的に話を聴こうとして、ある程度の距離まで近づき、わずかに、前かがみになっているのではないだろうか。ところが、人にはそれぞれの癖というものがある。いくら関心のある人でも、その人の話の内容によって、ワーカーが戸惑うことはしばしばある。そのようなときこそ、人それぞれの癖が出てしまい、身体のある部分を触ったり、足をゆすったりする。このような身体的な動きは、クライエントに何らかの影響を及ぼす。ワーカー自身は、どのような場面で、どういう動きをする傾向にあるのか、自分で知っておく必要がある。

(3) 声の調子

　ワーカーの声の調子、大きさ、速さは、どのようなものがよいのだろう。声の調子は優しく大きすぎず、ペースは早すぎない方がよい。だが、これらはクライエントのそのときの状態に合致していることが望ましい。クライエントが、重く沈んだ小さい声でぼそぼそ話しているのに、ワーカーが、はきはきと大きい声で話すことは、クライエントにとって負担になる。クライエントが、やっと希望を見い出しはじめているときに、ワーカーが、重くたんたんと話すことは、クライエントにそっけない感じを与えるだろう。ワーカーは、日ごろの自分の声の調子を知り、その場の状況、クライエントの状態に合うよう心がける必要がある。

2．言語的コミュニケーション

　言語的（バーバル）コミュニケーションについて、A.E. アイビィ（A.E.Ivey）のマイクロカウンセリングで用いられる、基本的技法についてみてみよう。

(1) 質問

　質問には、開かれた質問と閉ざされた質問がある。ワーカーは、クライエントやクライエントの状況、状態などについて知る必要がある。その際、ワーカーが用いる質問は効果的である。開かれた質問は、「あなたは、どんな感じがしていますか」「あなたは、どんなことでお困りですか」「あなたは、どういうふうに過ごしておられますか」というスタイルで聞くもので、クライエントが、一言では答えられないような質問である。このような質問により、ワーカーは、クライエントのとらえ方や見方、感じ方を知ることができる。

閉ざされた質問は、「あなたは、これまでにこのようなことがありましたか」「あなたは、おひとりですか」というスタイルで聞くもので、クライエントが、一言や二言で答えられるようなものである。このような質問により、ワーカーは、厳密な内容を知ることができる。

(2) 励まし

励ましは、ワーカーが、クライエントの話を「うん、うん」「そうですか」「なるほどね」などの言葉を伴ううなずきである。これは、ワーカーが本人の話を聴いている、理解しているということを伝えるものである。また、ワーカーが、うなずくことで、クライエントの発話を促す。励ましは、単純だと思われがちであるが、それをどこで行うかというタイミングや励ましの強弱、回数で、ワーカーが、クライエントをある方向に促すという側面もある。本人の発言を阻むことなく、本人が話しやすい励ましを行う必要がある。

(3) 言い換え

言い換えは、ワーカーが、クライエントの話を聴き、理解した内容を、できるだけクライエントの言葉を用いて伝えるというものである。ワーカーは、自分の理解がクライエントのものと合っているか否かを確認できる。クライエントは、自分の考えや状態などについて確認できる。だが、一方でワーカーが、何を言い換え、何を言い換えないかによって、クライエントのとらえ方の方向づけを行うという側面もある。クライエントの事実に沿った言い換えを行う必要がある。

(4) 感情の反映

感情の反映は、クライエントが話した感情に焦点をあて、クライエントが、漠然としか感じていない部分を明確化するというものである。クライエントは、自分の感情のすべてに気づいているというわけではない。クライエントにとっては、無意識的に隠しておきたい感情やそのまま表現するのは危険だと考える感情がある。ワーカーが、このようなクライエントの感情を反映することで、クライエントは自分の感情に気づき洞察を得ることができる。このため、この感情の反映は、クライエント自身が自分の真の感情に耐えうるときに行うことが望ましい。

(5) 肯定的側面への焦点づけ技法

クライエントのなかには、既に自分で解決のために努力している人もいる。

そして、その試みがうまくいっていることもある。たとえば、保育園児がいつも登園に遅れ保育園での集団行動に適応しにくいという場合、仕事をしており帰りの遅い母親が祖母に家事を手伝ってもらい、子どもを早く寝かしつけるよう試みていたりする。このような場合、ワーカーは、クライエントが解決に向けて自分なりに積極的に取り組み、うまくいっている肯定的な側面や資質に焦点をあて支持する。こうすることで、クライエントの解決に向けての創造力を強化する。ワーカーは、どのようなクライエントにもその人独自の問題解決に向けての肯定的な取り組みや資質があるとの前提に基づき、それらを探す努力が必要となる。

＜参考文献＞
　F.P.バイスティック著　尾崎新他訳『新訳版ケースワークの原則』誠信書房　1999年
　C.R.ロジャーズ著　畠瀬稔編訳『人間論』岩崎学術出版　1967年
　C.B.ジャーメイン著　小島蓉子訳『エコロジカル・ソーシャルワーク』学苑社　1992年
　福祉士養成講座編集委員会『社会福祉援助技術』中央法規出版　2001年
　アレン.E.アイビイ・メアリ.B.アイビイ著　福原真知子訳『マイクロカウンセリングの理論と実践』風間書房　2004年
　久保紘章・高橋重宏・佐藤豊道編著『ケースワーク　社会福祉援助技術各論Ⅰ』川島書店　1998年
　西尾祐吾・相澤譲治編著『ソーシャルワーク－基礎知識と事例による展開』八千代出版　1997年
　岡本民夫編『社会福祉援助技術総論』川島書店　1990年
　玉瀬耕治『カウンセリング技法』教育出版　1998年

第**4**章

••• ケースワーク演習 •••

1　保育所での援助事例 I

「発達に遅れのある子どもの保育と他機関との連携」

● 本人および家族の紹介（家族関係）

本人：K児（0歳6か月）
母親：(25歳) パートタイム勤務
祖父：(57歳) 会社員
祖母：(50歳) 無職
＊年齢は本人の保育園入園時

　出生時は母子ともに健康で、特に問題はなく出生した。ただし母親は妊娠直後に離婚し、実家で暮らしはじめた。就労を必要とするひとり親家庭であるとの理由から、K児が生後6か月になったときにA保育園に入園となった。
　入園後、保育を進める過程で、不定頸や歩行、ならびに発語の遅れがみられるようになり、関係専門機関との協働が必要となった。
　母親の就労という理由だけではなく、祖母が母親の育児能力に信頼がおけないこともあり、育児は祖母が中心に行っている。

● 事例の概要

　1歳児健診では、異状なしとの結果が報告された。しかし、入園後の観察や専門機関との合同会議などで、軽度の発達の遅れ・多動・言語活動能力・認識能力・集中力・運動能力面などに関する課題が指摘された。さらに、左外斜視・弱視（0.4）などの症状も明らかになった。
　K児の発達を保障するための保育上の留意点や取り組みについて、関係専門機関や施設から助言や支援があり、それらを参考に保育を展開してきた。しかし、他児とのコミュニケーションが成立せず、そのためのいさかいや、集中力が欠けることによる仲間はずれ、また、危険に対する認識面の弱さなどから、常時1対1の援助が必要であった。
　また、入園後母親はK児の発達の遅れが理解できず、母親に対する援助も重要な課題となった。そして、祖母のK児へのかかわり方も、発達に問題意

識をもっているだけではなく、母親の子育てに信頼がおけないのか、何とかしなければという思いに駆られているようであった。

● 事例の経過と援助過程

◆専門機関との協働

　K児の入園した保育園は、「統合保育は保育の原点」という認識のもとに、可能な限り障害児を受け入れ、そして、「ともに学び、ともに育つ保育」という方針で保育を実践している。つまり他の園児と同じ土俵で、泣き、笑い、喜び、感動することを共有するために、障害の程度に関係なくさまざまな配慮をし、すべての行事に参加させ、豊かな実体験重視という姿勢で発達を促す取り組み方である。それと同時に、個々人が抱える障害によって起こる生活課題を解決するため、次のような専門機関との協働を図っている。

(1) 合同ケースカンファレンス（合同会議）

　福祉事務所、児童相談所、保健所、保育園など、それぞれの専門的立場から発達の現状・課題の分析、課題解決のための具体的援助などについての助言および支援を受ける。

(2) 障害児保育巡回相談事業との連携（巡回相談）

　心理判定員の発達検査の結果をもとに、上記(1)同様の助言・支援を受ける。

(3) 専門施設担当者※との連携

　来園による当該児童の観察ならびに助言を受ける。

※A保育園に入園するまでの期間に在籍していた施設の担当者。

(4) 療育機関への保育者の同行

　保護者の同意のもと、定期的な受診ならびに訓練に保育士が同行する。そのときに療育機関から担当保育士へ直接助言を受ける。

(5) 保育園単独ケースカンファレンス

　上記(1)～(4)の助言や支援を参考に、保育園単独での具体的取り組みを検討する。

(6) 保護者との個別懇談

　ケースによっては、保護者だけでなく、祖父母・叔父・叔母にも呼びかけ、支援を要請する。

(7) 聴覚言語障害センターとの連携

　センター所属の言語聴覚士の協力を得て、言語聴覚障害のある保護者の方に、当園の保育方針や保育内容、統合保育、行事などの意図するものを伝え、理解を促す取り組みを行っている。

※A保育園に通っている園児の保護者のなかには、言語聴覚障害を抱えている人が多いという現状がある。

　以上が統合保育を進めるための保育園での取り組みである。このように専門機関との協働を得ながら、K児と母親に対して次のような過程で援助した。

◆入園時〜1年次（0〜1歳）

　入園前の面接により、アトピーの疑いがあり、さらに不定頸や左外斜視が判明した。また、入園直後の観察により、年齢相応の行動がとれず、落ち着きのなさなどが注目すべき課題として出された。そして「合同ケースカンファレンス」での検討のため、詳細な観察記録をとりはじめた。

●対応

　関係専門機関からK児について次のような助言があった。

① 発達の遅れというよりも年齢より幼さがあるということ。
② 対人関係は良好であるため、語いの数を増やすために問いかけを多くする必要があるということ。
③ 絵本や紙芝居での理解は無理であるという判断から、実物を見せながら、言葉をかけていく必要があるということ。
④ 斜視の影響はまだわからないが、注意していく必要があるということ。

　これらの助言をもとに1年目は、K児の歩行・言葉・運動・基本的生活習慣・認識能力などへの援助を中心として援助計画を立て、保育を進めた。

◆2年次（2歳）

　2年次になって、K児は1年次と同様にさまざまな課題があったもののK児なりの成長がみられた。しかしその反面、他の園児との開きも大きいという印象になった。

　発達心理テストの結果、6か月程度の発達の遅れ（1歳6か月の発達）があることが確認された。

　また、母親の子育てについての問題があることも明らかとなった。具体的には母親自身の未熟さ、理解力の乏しさ、K児の発達の遅れに対する認識の欠如などが問題となった。

●対応

　K児の行動は、1歳6か月の発達レベルと考えればあたりまえの行動であることを認め、受けとめることの必要性や、方向づけの大切さ、繰り返しや積み重ねの重要性について助言があり、保育園職員全員がこのことに留意し援助を進めた。

　また、母親に対しては、K児を赤ちゃん扱いしないこと、できることを認めること、また、クラス保育懇談会に出席し、同年齢児との発達の違いやK児に対するかかわり方を考えてもらうようにすること、保育者とのコミュニケーションを大切にすること、などの援助を行った。

◆3年次（3歳）

　3年次になってK児は前年度に比べて、バランスのとれた成長がみられるようになった。母親の援助については、他の専門機関につなぐことを中心に検討したが、K児の発達の遅れをそのまま報告した場合、それまでの援助によって成立していた対話が遮断される危険性もあった。

●対応

　母親の援助については、専門機関へつなぐ前提として、母親に「発育に対しての関心を高める」（通常の発達を糸口に、ともに心配するという方法）意識をもつように援助するように助言があった。そして、"関心を高める"対話を深めた結果、それまでとは異なり、言葉の遅れについてだけではあるが問題意識をもつようになった。

◆4年次（4歳）

　4年次になると、K児の言語面での発達は著しく、自分で感動したことなどを言葉で表現できるようになった。しかし、あいかわらず興味の移り変わりが激しく、友だち関係は依然として成立しなかった。

●対応

　発達の遅れは1年程度あるものの、母親とK児の波長が合っているので、それまでと同様に、自由にのびのびと成長させることがよいとの助言があった。また、母親の援助については、児童相談所へつなぐことが可能となり、そして、総合療育事業である「発達遅滞児のための療育教室」（以下「療育教室」と表記）へ、K児と母親が一緒に通園することとなった。

◆5年次（5歳）

　K児は5歳になったが、発達年齢は3歳6か月と判定された。ただし「療育教室」との連携により、確実に発達しており、できることも増えた。母親についても、4年次に比べるとK児の発達課題について、少しずつ問題意識をもつようになってきた。

●対応

　K児の落ち着きのなさや母親の理解力の乏しさ、祖母と母親の関係などの課題がまだあったが、6年次に向けて、専門機関との協働を一層深め、母親とK児の発達および自己表現を保障するために、より一層の努力を重ねることとした。

● 考　察

　今後の課題として、K児の発達課題の解決はもとより、母親に対する援助体制の構築がある。さらに1対1での援助を必要とする人的問題、子育ての中心が母親であることを自覚させるための取り組み（保育参観、保育懇談会、子育て学習会、行事への参加など）に、積極的に参加できるように働きかけ、内容が十分に理解できるような対応策を講じる必要がある。それとともに、どのような社会資源が活用できるのか、母親支援のためのネットワークづくり、祖母と母親、祖母とK児のかかわり方、援助者の資質（豊かな人間性、ソーシャルワーカーとしての関連領域を含む援助技術の修得など）など、課題は多くある。

● 演習課題

1．統合保育を進めていく上で、どのような専門機関との協働が必要ですか。さまざまなケースを想定して考えてみましょう。
2．障害をもつ子どもの発達を保障するためには、親はもとより家族全員に対しての援助が必要ですが、どのような領域での援助が必要か考えてみましょう。
3．母親がK児の発達に関心を示し、保育士とともに考えるようになるには、どのようなケースワークの技法を使って支援をすればよいのか考えてみましょう。

2 保育所での援助事例 Ⅱ

「重複障害の園児と両親への援助」

● 本人および家族の紹介（家族関係）

本人：M児（3歳）障害者手帳1級
母親：（26歳）専業主婦
父親：（34歳）会社員
＊年齢は本人の保育園入園時

　在胎38週間で出生。脊髄髄膜瘤のため閉鎖修復術、水頭症のため体外にドレナージ処置、強度の黄疸のため光線療法を受けるなど、重複障害があり、数多くの訓練機関へ通院する生活であった。家庭での生活もM児を中心とした生活である。

　育児の中心は母親で、歩行訓練・導尿・各種の機能訓練など医療機関への通院もほとんど母親が連れていく。父親は協力的ではあるが、M児に対する子育て観は、治療・訓練を重視する母親とは若干のずれがあるようである。M児の発達保障への取り組みだけではなく、両親への援助も大きな課題であるといえる。

● 事例の概要

　3歳でA園へ入園した当時、すでにてんかんの治療や尿検査、歩行訓練・作業療法・ボイタ法※1・ボバーズ法※2の訓練などのため、10か所以上の医療・訓練機関へ通院していた。健康状態はきわめて悪く、疲れやすいためすぐにカゼをひき、回復までに相当の日数がかかる状態であった。言語の理解度は簡単な質問には答えられるが、内容は2つの言葉をつなぐ程度であり、オウム返しが多い。また、自然排尿ができないため導尿が必要で、母親が来園し導尿を行っている（導尿は医療行為であるため、ここでは保護者の介助による排尿を行う）。歩行については下肢装具（屋内用と屋外用がある）を着装し、保育者の援助のもとで移動している。

※1 ボイタ法
神経発達学的理学療法とも呼ばれ、脳障害を原因とした運動に問題がある子どもに対して、胴体の筋肉を強化して姿勢を安定させることにより、手足の緊張をとって可動域を広げ、ADLを向上させる目的で行われる。

※2 ボバーズ法
脳性マヒや脳卒中後遺症などの障害をもつ子どもに対しての全人格的な治療概念。脳の神経回路の可逆性を活かして、正しい運動感覚の（再）学習で機能活動の獲得を促し、同時に情緒面や心理面の問題も、運動という感覚の基本的な経験不足や歪みによってもたらされるという視点に立って治療をしていく。

● 事例の経過と援助過程

◆入園までの取り組み

　M児は、1歳から肢体不自由児施設通園部に母子通園していたが、さまざまな子どもとのかかわりをもつため統合保育実施園への入園が望ましいとの判断から、児童相談所を通じて受け入れを要請される。入園に先だって、児童相談所、肢体不自由児施設通園部と連携をとりながら、面接を3回実施した。そこで、M児の疾病や障害、保護者が抱えている課題や悩み、保育時間中における導尿やボイタ法訓練を行う時間帯、M児への保育計画とその課題、入園当初の保育時間などについて、「合同ケースカンファレンス」での助言を参考とし、細部にわたって検討した。その結果、M児に対しての援助は可能であると判断し、入園することになった。

◆入園当初（3歳）

　M児は、人見知りが激しいことや、健常児との集団生活が未経験であることなどから、保育中に起こりうる変化への援助方法を学ぶ必要があると判断した。そこで当面の目標を、①保育園の生活に慣れること、②担当保育者との信頼関係をつくり上げること、③母親とのコミュニケーションを緊密にすることとして、母子通園ならびに短時間保育という方法でスタートした。

●対応

　入園当初は母親から離れられず母子ともに表情が硬かった。しかし、前述の両専門機関からの詳細な情報をもとに、さまざまな保育用具などを使用しての援助を行ったところ、20日程度経過したころから徐々に笑顔がみられる

ようになった。親離れ子離れを図るために、M児と母親の距離を少しずつ広げていった。その結果、1か月半ほどで母子分離が可能となり、通常の保育形態となった。ただ、カゼや発熱のため頻繁に欠席したり、入院を繰り返し、さらには病院などの専門機関への通院もあり、保育目標である保育園生活に慣れることは達成できたものの、ほかの目標は今後の課題として残った。

◆1年次（3歳）
　登園回数がきわめて少ないにもかかわらず、特筆すべき変化があったのは、入園後3か月ほど経ったときである。装具をつけた状態でも全面介助を必要としていたM児が、介助なしで2分程度1人で立ち、8歩歩くことができるようになった。他の園児たちが、自分の足で走り、跳んでいる姿を見るたびに、M児も「自分の足の力で」という思いを膨らませた結果であろう。そして、M児が歩行したということにより、他の園児が、仲間としての意識をもつことにつながっていった。
　しかし、「障害児保育巡回相談」の発達検査で、軽度の発達遅滞が明らかになった。

●対応
　手先や指先の不器用さに対する援助方法など専門機関からの助言をもらい、他の園児の仲間意識を活用しながらの援助を実施した。
　1年次の末には、登園の往路のみではあるが、徒歩で登園するようになった。言語理解についても言葉かけを多くするよう配慮した結果、オウム返しが少なくなり、M児からの語りかけや要求も出てくるようになり、保育士や他の園児からの語りかけに対しても受け答えが少しできるようになってきた。

◆2年次（4歳）
　2年次は、歩行の獲得とともに、体力がついてきたこともあって欠席をすることが少なくなり、いろいろなことに対する意欲も少しずつ出てくるようになった。友だち関係も、自然とM児自身から友だち関係を楽しみ、求めるようになってきた。しかし、4歳に対して2歳程度の発達という遅れがあるため、依存性が強く、言語についても年齢相応の言葉の獲得には至っていない。1年次同様、専門機関への通院が多く、経験の不足という感も否定できなかった。発達の遅れと経験不足の克服に向けて、援助を総合的な見地から実施する必要があったが、母親と違って実体験を重視する父親は、この時点で早くも就学のことを意識するようになり、導尿・歩行・生活習慣などすべての自立を願い、保育園生活のなかでそれらが確立されることを望むように

なった。
●対応
　日常生活については、全面介助ではなく、できることは一緒になって取り組んで、できることの喜びと次回への意欲を膨らませるように配慮した。
　また、父親からの要望に対しては、保育園から現時点でM児のためにすべきことは何か、ということを見定める必要があると助言した。

◆3年次（5歳）
　3年次に入ると、装具をつけながらではあるが、自分1人で20～30歩歩けるようになった。導尿についても、3時間間隔から4時間間隔になった。それにより、母親の就労（パート）が可能となった。しかし、M児とほかの園児との発達の差はますます広がり（この時点の発達検査の結果、中度の発達遅滞）、一時期、他の園児がM児の動作を待つことに疑問を感じ、M児の意欲にかかわらず全面的に援助しようとする姿がみられるようになった。
●対応
　他の園児たちが、M児に手をかけようとするたびに、子どもたちに障害の有無に関係なく他の友だちと同じように接することが自然であたりまえのこと（介助を必要とする部分は除いて）であると伝え続けた。その結果、子どもたちにも保護者にも援助の方法が浸透した。
　両親に対する援助はそれまで、"今、大切にすることは何か"ということを重視する子育て援助を助言してきた。しかし、保育園生活の最終年度でもあり、両親も保育園としても、就学に向けての情報収集や育成学級、養護学校の見学などに積極的に取り組んだ。しかしM児には相当のプレッシャーをかけ、不安定な状態に陥らせてしまうこともあったが、保育者・保護者の援助のみならず、他の園児からの励ましもあり、乗りこえることができた。

● 考　察
　今後の課題としては、まず、「肢体不自由児のための育成学級（特別支援教室）へ入学させたい」という両親の願いをどう実現させるかということであったが、当該自治体には肢体不自由児のための育成学級は開設されていないため、既存の育成学級への入学となった。ここでは、現状の制度や施設の開発に対する保育者のソーシャルワーカーとしての役割がある。もう1つの課題は、医療機関との連携をどう図っていくかということである。施設や設備の問題だけではなく、心のバリアフリーが重要な課題であるということが、M児を受け入れることによって明らかになった。

● 演習課題

1．M児と母親が依存関係から母子分離していく過程の援助について考えてみましょう。
2．障害をもつ子どもの母親の「受容」の援助について、どのような援助技法が必要か考えてみましょう。
3．1980年に世界保健機関（WHO）が発表した「国際障害分類」が2001年に「国際生活機能分類」に改正されました。これにより、障害の概念がどのように変わったのか学習してみましょう。
4．M児のように、卒園後の進路に対する援助も保育園に求められる大きな機能ですが、保育士としてどのような援助を展開するべきか考えてみましょう。

3　保育所での援助事例 III

「保育所における育児困難な保護者への援助」

● 本人および家族の紹介（家族関係）

本人：T太（3歳）
母親：（22歳）　無職
義父：（20歳）　無職

● 事例の概要

　T太が1歳6か月健診のときに成長不良ということで、保健センターの保健師の指導対象になった。健診時は体重や身長も標準よりかなり低く、精神的な発達においても何かしらの障害が疑われた。言葉や物の認識などについても、同年齢と比較して未熟なものであった。継続的な保健師の栄養指導や家庭訪問においてもほとんど改善はみられず、育児放棄（ネグレクト）の疑いがあるということで、緊急に保育所への入所が決定した。

● 事例の経過と援助過程

◆入所面接

　入所面接には、母親とT太の2人で来所する。所長と保育所担当の保健師の2人で面接を行う。母親は保育所の入所に対して「市役所から無理に行けといわれている。めんどくさい」と否定的な様子である。子どもの育児に対しては「一生懸命しているが、なかなか大きくならない。子どもの個性がある」と意欲は示す。

　子どもの個性を大切にしながら保育をしていくので、お母さんの思いを聞かせてほしいと伝える。また、お母さんも少し子育てに疲れていることもあるので、少し落ち着いて子育てにかかわっていけるような環境づくりをしたいと、こちらの思いを話す。母親は保育所の生活や準備、子どもが慣れるかどうか、他の保護者や先生との関係など、さまざまなことに対して不安な様子であった。それらについて一つひとつ丁寧に説明し、またいろいろな面において援助していくことを伝えていく。

子どもは面接の間母親のそばから全く離れることはなく、不安定な感じを受ける。2歳児担当の保育士が絵本やおもちゃなどを用意して、働きかけを行うが、ほとんど興味を示すことはない。また母親の働きかけに対しても、あまり積極的ではなく、感情的な交流はあまりないようにも感じる。

●対応

母親との面接からわかった家庭の様子は次のようであった。

父親は子どもが生まれてから、母親に暴力を振るうようになり、子どもに何か暴力的なことをされるのではないかと怖くなり離婚する。養育費はもらっておらず、生活保護を受給しており、働く意欲はあるが就労はしていない。

母親の両親は、母親が小さいころ離婚している。母親は父親に引き取られて育てられたので、家事や育児の経験があまりなく、苦手である。

母親は育児に対して意欲はあるが、子どもに対する理解や知識などはほとんどなく、自分の考えだけで育児を行っている。離乳食もほとんど与えておらず、ミルクやジュース、スナック菓子などで食事を済ませている。また性格的にも大変幼く、自己中心的な印象を受ける。

この面接後、2歳児の担任と所長、副所長、保健師で今後の方針について話し合いを行い、以下のことを決める。

・母親の受け入れをしっかりと行い、よい関係をつくっていく努力をする。
・子どもの育ちの遅れは、環境の影響が大きいようなので、保育所でもう一度育てなおしを行う。そのためには、特定の保育士が一対一での関係づくりを行う。子どもの思いや行動の受容を心がける。
・家庭内の様子や対応などは、保健センターや市役所ワーカーなどと連絡を密接に取り合って、支えていく体制づくりに努める。

◆入所当初

慣らし保育期間中、T太は毎日泣き続けていた。泣く姿を見て母親も「かわいそう」と言い、保育所から離れることをしない日もあった。しかし食事をとり、昼寝をする姿がみられるようになると、少しずつ安心していった。家で自分の時間をもてることがうれしいようであり、しばらくして「保育所に入れてよかった」と保育士に伝えた。

T太は3歳を過ぎていたが、基本的な生活習慣がほとんど身についていない。排泄は1日中紙おむつであり、尿意を伝えることもない。食事も大変偏食傾向であり、白米と果物以外はほとんど食べることができない。またかむ力も脆弱であり、魚なども口のなかに残ってしまう。友達やおもちゃ、絵本

などにも、あまり興味を示さずにいる。しかし、かかわりをもっていた特定の保育士には、愛着を示しその保育士のそばから離れないようになってきた。

●対応

　母親とのコミュニケーションは、所長や担任を中心に対応する。最初は警戒心もあり、表情も硬くあまり話をしたがらなかったが、T太の姿を伝えたりするなかで、さまざまな話を母親からしてくれるようになってきた。そのなかで、将来に対する不安や子どもの育ちに対する不安などを話すようになった。また自分自身が育ってきた環境に対する辛さ、社会や周りの人々に対する怒りなども伝えてくるようになり、少しずつではあるが、母親との関係づくりは進んでいった。

◆母親の恋人

　T太は保育所の生活に慣れてきて、いろいろな体験や保育士との関係づくりが進んでいくうちに、笑顔もみられるようになってきた。甘えたり、抱きついてきたり、感情的な交流もできるようになってきた。母親もT太の姿の変化に喜びを示し、食事をつくったり、子どもの身のまわりの世話も少し意欲をもってしてくれるようになった。

　そのようなころに母親に新しい恋人ができ、保育所の送迎に一緒に来るようになった。T太はその男性には慣れているようであり、お迎えのときなどは自分から抱きつきにいく。すでに3人で生活をしているようである。しかし男性も仕事はしておらず、昼間はぶらぶらとしている。

◆不安定な時期

　その後しばらくするうちに、母親の様子が不安定になってくる。送迎の時間が突然不規則になったり、午後7時の閉園時間を過ぎてもお迎えにこなかったりすることが続く。

　また送迎時に、T太に対して大変な剣幕でまくし立てたり、叱ったりするようになる。少し靴を履くのに戸惑っていたりすると「いつまでぐずぐずしてんの！　はやくしなさい！」と言って、T太に手をあげたりする姿が見られた。さらに、そのままT太をほったらかしにして、自分だけ保育所の門の外に出ていったりすることもあり、T太はいつまでも泣いているという状態であった。あまりの姿に保育士が止めに入ったり、子どもをかばったりすると「先生には関係ない！　ほっといて！」と保育士に向かって怒鳴り、T太には「あんたのせいで私が先生に怒られるやろ！」と八つ当たり的になるので、保育士としても対応に苦慮していた。

T太も不安定になり、少しのことで泣き出したり、友達に対して大変攻撃的になり、近くにいる子どもを突然たたいたり、かんだりするような行動がみられるようになってきた。

◆背中のアザ
　ある日、昼寝時の着替えをしているときに、T太の背中に大きな紫色のアザがいくつかあるのがわかった。その日の午後、所長と担任は母親の帰りを待ち、個別の面談を行う。

●対応
　アザのことはまずは伝えずに、最近の母親の不安定な姿について「お母さん、少し疲れてない？」と共感する姿勢を打ち出し話を始める。少し話をしていくうちに「恋人と結婚の話が出ているが、現在まったく働く様子がない。そのことで毎日のようにけんかになる。そのときに子どもが泣いて話ができずにいる。また恋人も子どもを邪魔者扱いするので、私もこの子に対して腹が立つ。かわいそうだと思うけど、抑えられない」と感情的に話をする。

　そして自分から背中をつねったり、たたいたりしてしまうという。母親自身は精神的に幼い所があり、自分自身の苛立つ感情をうまくコントロールできず、T太に対してダイレクトな感情をぶつけてしまっている。

　次の日に、生活保護のワーカーと栄養指導に訪れている保健師と保育所の三者でケースカンファレンスを行う。そこで、次のような役割分担と協力体制を確認した。

・ワーカーは、母親の仕事も含めて新しい恋人との関係の調整を主眼にした訪問を行う。
・保健師は家庭訪問や面接を行い、子育てのあり方と母親の不安を受けとめる役割を行う。
・保育所では子どもの生活と気持ちの受け入れをしっかりと行い、その上で身体的な傷などがないかの確認を行う。また母親とできるだけ話をして、母親の気持ちのサポートも行う。

◆その後の様子

　T太の体の傷はそれ以降みられることはなくなった。その後少しずつであるが、母親も落ち着きを取り戻し、それと並行する形でT太も少しずつ落ち着きはじめた。

　今まで保育所に母親の恋人が来ても、保育士はあまり積極的にかかわりをもつことはなかったが、少し話をしてみたり子どもの様子を伝えていくようにしていく。T太に対して、恋人はかわいいと感じているようであり、子どもの姿や様子について好意的な対応をする。

　母親は、恋人が仕事を始め、再婚を決めたと話をしてくる。ちょうどそのころに保育所で保護者参加の行事があるので、ぜひ一緒に来てもらうように勧めた。最初は照れていたようであったが、直接恋人に保育士が誘いかけて了解を得る。

　当日は3人ともおそろいの服を着て、大変仲良く活動を楽しんでいた。T太の姿や成長をそれぞれに感じていたようである。その後の感想に「今思えば、自分は母親として失格でした。自分の気持ちに任せて子どもをかわいがったり、怒ったり身勝手ばかりしていました。子どもに対して悪いと思います」と書いてきた。保育士も、そのような母親の気持ちをしっかりと受け止めていき、また再婚という形で新たに父親となる男性に対しても、積極的に話をしたり、働きかけたりすることができるようになってきた。

　また、ケースワーカーや保健師とも連絡を取り合い、さまざまな場面を通じて、この家族を支えていく姿勢を打ち出してきた。

　仕事が始まり、家族自体が自分たちのペースで生活をすることができるようになってきた。その後再婚をして、父親の両親が子育てに対して協力をしてくれるようになり、母親もずいぶんと明るくなり、子育てに対して意欲的にかかわるようになってきた。

　T太は入所当時からは想像もできないほど、活動的になっている。生活習慣に対しては、まだ不十分な所はみられるが、自分から意欲的にやろうとす

る姿がみられるようになってきた。心配された発達の遅れであるが、小児科医や保健師は、これまでの経験不足と指摘し、保育所でさまざまな経験をするなかで解消していくとの判断をした。実際の保育場面においても、当初みられたほど発達の遅れを感じることもなく、保育所での生活のなかで迷いながらも、自分でいろいろなことを試したり、解決しようとしたりする姿がみられている。

● 考　察

　本事例は、母親の育ちと性格的な幼さ、そして環境の悪さが、子どもの育ちを阻害していたと考えられる。保育においては、子どもに対して十分な配慮をすることは当然であるが、保育のなかだけでは解決できないこともある。保護者の環境の調整は、保育所だけで行うことは大変困難である。そのような場合は、ケースワーカーや保健師など他機関の専門職種との連携が必要になる。今回はその協力体制が基盤となり、うまく保護者への対応ができた。

　Ｔ太に対するさまざまな問題（背中のアザ）や、Ｔ太自身の問題行動（他児に対する暴力）の原因は、Ｔ太のみの対応で解決するものではない。Ｔ太を中心としながらも、その背景の家族やあるいは社会というものを見据える、広い視野がこのような事例の場合特に求められる。

● 演習課題

1．本事例では、どのような関係機関や職種がかかわっていたのか。また、Ｔ太や家族をとりまく社会資源には、どのようなものがあるかあげてみましょう。
2．母親との信頼関係を築くために、保育所は母親にどのような対応をしたのか、ケースワークの原則や技法を踏まえて、ポイントをまとめてみましょう。
3．児童虐待は、どのような状況のなかで起きてくるものなのかを、本事例から考えてみましょう。

4　児童養護施設での援助事例Ⅰ

「思春期の男子児童への支援」

● 本人および家族の紹介（家族関係）

本人：Ｓ男（15歳、中学3年生）Ｆ児童養護施設入所中
弟　：Ｋ介（10歳、小学5年生）Ｆ児童養護施設入所中
弟　：Ｙ雄（5歳、幼稚園）Ｆ児童養護施設入所中
母親：（35歳）母子生活支援施設入所中。Ｓ男、Ｋ介、Ｙ雄とも父親が違うが、母親の入籍歴はない。

● 事例の概要

　中学3年生のＳ男は、学校でケンカしてクラスメイトを殴る、教師に悪態をつく、授業を妨害するなどの問題を繰り返し起こし、そのたびに担当の保育士が学校に謝罪に行くという状態が続いていた。担当保育士は何とかＳ男とコミュニケーションを図ろうとするが、日ごろからあまり話をしないＳ男は以前にも増して誰も寄せつけない雰囲気をつくり、部屋に閉じこもったままである。強引に部屋に入ろうとすると「うるさい！　出ていけ！！」と怒鳴り、物を投げつける。

　Ｓ男には、小学5年生になる弟のＫ介がいるが、Ｋ介は荒れる兄を尊敬していて、学校でケンカになると兄の名前を出しては相手を脅したり、万引きをするなど非行に走る傾向がみられるようになってきた。

　もう1人の弟で5歳になるＹ雄は、のんびりした性格で元気に幼稚園に通っている。Ｓ男は、気が向くと幼児室にやってきてＹ雄を連れ出し遊んでいる。Ｓ男は「中学を卒業したら俺がＹ雄を引き取る」といつも話している。「それならしっかりしたお兄ちゃんにならないと」と担当保育士が声をかけると「俺はやくざになって、金持ちになるねん」と言い返してくる。

● 事例の経過と援助過程

◆7月中旬「夏休み直前のＳ男の行動」
　Ｓ男の中学校から電話があり、「Ｓ男くんのことで相談があるのでご来校

願いたい」と依頼があった。次の日、Ｓ男の担当保育士と主任保育士が中学校に出向くと「最近、Ｓ男くんの交友関係が広がって、地元の高校生や中学を出た後働いている先輩と放課後一緒にいるようだ」と知らされる。また、もうすぐ夏休みに入るので、Ｓ男の行動を十分に把握して間違いのないようにしてほしいと注意を受ける。

担当保育士としては、Ｓ男が高価な腕時計や財布などの持ち物をもっていることから、働いている友人ができたことは予想していた。また、この夏休みがＳ男をこのまま児童養護施設に措置できるかどうかを決める最後の時期になるだろうと主任保育士、担当保育士ともに考えていたので、さっそくケース会議を開き、今後の援助方針を確認することとなった。

● 対応

ケースカンファレンスは、以下の4点に絞って話し合われた。
① 最近のＳ男の行動を修正する方法について。
② Ｓ男の交友関係を把握するために必要な取り組みは。
③ 夏休みの過ごし方をどのように指導するか。
④ 母子生活支援施設に入所している母親が、お盆の時期に子ども全員を一時帰省させたいと申し出ているが、母親の状態をどのようにとらえ、母親に対し子どもの養育についてどのように働きかけるのか。

この結果、①については担当保育士が中心となり、根気強くＳ男とかかわるというあいまいな結論しか出なかった。Ｓ男のことで連日悩まされ、心身ともに疲れ切っていた担当保育士にとって、ほかの職員が今まで以上にバックアップしない限り継続したかかわりは困難であろうと思われた。実際に担当保育士を交代することも考えられたが、最終的には担当保育士が「もう少しがんばってみたい」と発言したこともあり、しばらくは様子をみることとなった。

主任保育士は担当保育士をバックアップするために、週1回スーパービジョンの機会を約束し、スーパーバイザーに児童心理学を専門とする大学教員を迎え、面接には主任保育士も同席することとなった。

②については、情報を集めた結果、Ｓ男の交友関係が広がったのは、2年前に同じ児童養護施設を退所し、現在鉄工所で働いているＴ郎との交際がきっかけではないかと思われた。そこで、当時のＴ郎の担当保育士が連絡をとってＴ郎に会いに行くことになった。

③については、夏休みの過ごし方によっては、児童自立支援施設への入所も検討しなければならないことを確認したが、具体的な方針はＴ郎の話を聞いた後にしようということになった。

担当保育士からは、高価な腕時計や財布をどうやって手に入れたのか（施設で渡している小遣いでは買えない物もある）気になっているということと、S男が中学卒業後は進学せずに働きたいという意志をもっているので、今度の夏休みは働くことの大切さを実感してもらうために、アルバイトのようなことをさせた方がよいのではないかと提案があった。これに対しては、「S男の場合、逆効果になってしまうことも考えられる」などと意見が出され、主任保育士から「もう少し慎重に考えましょう」ということで結論は出なかった。

　④については、主任保育士が母親の入所している母子生活支援施設と連絡をとり、最近の母親の様子を聞くこととし、一時帰省を許可するかどうかを決めるため、場合によっては面会に行くことにした。

◆ 7月中旬「S男と弟たちの関係について」

　S男のケースカンファレンスが開かれたのち、弟のK介を担当している保育士からK介が最近S男と同じことをしたがり、兄の影響を強く受けているという報告があり、K介の担当保育士としては、S男をK介から引き離してほしいという意見があった。また、Y雄を担当している保育士からも同じような意見が出された。

● 対応

　S男は2人の弟を非常にかわいがっていることを思うと、会ってはいけないなどという規則をつくると、それこそS男がさらに反発心を強め逸脱した行為をするようになると予想されること、さらに兄弟がお互いに会うという

行為を施設として制限できるものではないという意見が出されたため、この点については見送ることになった。しかし、この結果にＫ介の担当保育士は少し不満そうであった。

◆7月下旬「前回のケースカンファレンスを受けて」
　前回のケースカンファレンスを受けて、改めてケースカンファレンスが開催された。
●対応
　まず、卒園生のＴ郎から聞いた話について、当時の担当保育士から報告を受ける。報告では、予想通りＴ郎を中心にＳ男の交友関係は広がっているが、Ｔ郎自身は勤務態度もまじめでしっかり働いており、Ｓ男に対しても「しっかりしろよ」というメッセージを送っている様子であった。Ｓ男は、Ｔ郎がひとり暮らしをしている気安さもあって、放課後部屋に寄ってはテレビゲームをしたり、マンガを読んだりして過ごしているようである。
　Ｔ郎は、Ｓ男のことをあれこれ聞く保育士に「そんなに心配しなくても、だんだん落ち着いてくるよ。俺もそうだったけど、将来のことが不安な時期なんよ。俺が変なやつとかかわらんように見張っているから、先生心配せんといて」と逆に励まされたということであった。確かに、施設ではなかなか子どもが１人になれる空間を確保することがむずかしく、このハード面の課題について保育士ができることは何かと新たな課題を与えられたという感じがした。
　続いて母親に面会に行った主任保育士からの報告では、母親は自堕落な生活習慣からなかなか抜け出せず、数日前も知り合った男性を施設に連れてきたところを職員に発見されるという問題を起こしたばかりであった。しかし、職員の話によるとお盆に息子たちに会うことを楽しみにしており、おもちゃなどを買ってきたりしているという。そこで、この母子生活支援施設の職員がそれとなく息子たちの様子を母親に話し、反応をみるということになった。
　Ｓ男の担当保育士からは、専門家のスーパービジョンもあって、Ｓ男と無理矢理に接触するのではなく、見守っているという姿勢だけをＳ男に示すように心がけ、門限に少し遅れても叱りつけないようにしていたところ、たまにＳ男から話しかけてきたり、帰宅時間も以前ほど遅れないように注意している様子がうかがえるようになったという。
　ここで、主任保育士から改めてＳ男の夏休みの過ごし方について考えようという提案が出された。Ｓ男の担当保育士からは、Ｓ男本人の希望も聞き、前回提案したアルバイトの件をぜひ実現したいという強い希望が示された。

そこで、中学生なのでアルバイトを許可するわけにはいかないが、遊び歩いたり、施設で何もせずに過ごすより、本人の希望もあることから、「職業訓練」として何かした方がよいのではないかという意見にまとまった。
　一方、K介の担当保育士からは、最近のK介の心配な様子が伝えられた。K介は以前から施設で暮らす小学生年長組のボス的な存在であったが、最近特にいじめをするようになったのである。また、K介の通う小学校でも同じような行為がみられ、学校の担任によると「言葉づかいなど無理に背伸びをして悪ぶろうとしている」というK介の様子が伝えられた。これについては、今後K介についてより注意深く見守り、保育士全員で物事の善し悪しをきっちり教えていく必要があるとのことになった。

◆8月上旬「職業訓練」
　S男は、卒園生のT郎が働く鉄工所に職業訓練という名目で通うことになった。
●対応
　最初の1週間ぐらいは、時間にルーズであったり、「今日はしんどいから行かんとくわ」と言ったりもしたが、担当保育士は注意をするとかえって反発するS男の性格を考え「そう、好きにしたらええやん」と対応したところ「ちぇっ」と舌打ちし、時間に遅れながらも通っている。
　また、T郎からも「そんなんでは好きな車を買うお金もたまらんで」と怒られたことも奮起する材料になった。

◆8月中旬「母親のもとへの帰省」
　兄弟3人が帰省する日がきた。母親からは電話で3時に迎えにくると連絡があった。その際にS男とK介の不安定な生活態度の様子を伝えたが、母親はあまり深刻になる様子もなく「男の子やからな」と笑い飛ばしたという。
●対応
　一番年下のY雄は、母親に会えることが嬉しいらしく、朝からリュックに着替えを詰め、保育士に「今何時?」と聞いてくる。
　約束の3時になったが母親は現れず連絡もない。4時が過ぎ、5時になっても母親の姿は見えず、S男とK介は動揺する素振りも見せず、「忘れているんと違うか」と平気な様子。6時を過ぎるとY雄はぐずりはじめ、保育士がY雄を背中におぶって玄関の前で待つことになった。
　7時を過ぎてようやく母親が現れるが、赤らんだ顔をしてどこかでお酒を飲んできた様子である。また、驚いたことに母親は妊娠していた。それでも

S男の担当保育士が冷静さを失わないよう気を取り直してS男とK介の話をはじめたとたんに「そんなうっとうしい話をせんといて！どうだっていいやん。子ども産んだことのないあんたに何がわかるんや！」と怒鳴りはじめた。S男の担当保育士は母親の理不尽な対応に怒りすら感じたが、それ以上話すのをやめてしまった。

母親は3人の子どもを連れて帰っていった。

◆9月上旬「突然母親が子どもたちを引き取ることに」

お盆の帰省は何事もなく過ごして戻ってきた。そしてS男は次の日からまた鉄工所に通う毎日を過ごした。

夏休みも終わり、2学期がはじまって間もなく、突然、母親から「子どもを引き取る基盤が整ったので子どもたちと一緒に生活がしたい」と申し出があった。母親は結婚することになり、施設から車で1時間ほど離れた場所で暮らすことになるという。そして申し出の通り兄弟3人を引き取ることになった。

●対応

まったく予想もしていなかった展開に保育士全員は驚いた。施設を退所して、母親とまた一緒に暮らすことができるようになったことを喜ばなくてはいけないのかもしれないが、保育士一同は複雑な心境だった。

3人の兄弟はというと、Y雄は楽しみにしている様子。K介は「誰にもうるさいこと言われへんようになるから嬉しいわ」と他の子どもたちに言っているようである。S男は多くを語らないが、ぽつりと「ひとり暮らしができへんなぁ」とこぼし、母親と暮らすことをそれほど喜んでいないようであり、また、転校しなくてはならないことも気がかりな様子であった。

10月に入って、3人の兄弟は退所していった。Y雄は母親と一緒に暮らせることが嬉しくはしゃいで退所していった。K介は少し涙を浮かべて担当の保育士との別れを惜しんでいた。S男は「また、遊びにくるわ」と言い残して新しい生活へと向かった。

その後、彼らは1度も施設に遊びにきてはいない。

● 考 察

児童養護施設で暮らす子どもたちはさまざまな問題を背景に抱え入所しているが、それをすべて言語にして保育士に表現してくれるわけではない。そのように、心を開いてくれない思春期の児童に対するかかわりは、特に児童

養護施設で働く若い保育士にとって大きなハードルとなる。また、児童養護施設での暮らしには期間的な限りがあり、よって保育士との関係も一過性のものであることを考えると、家族との関係をどのように支えるか、それは児童養護施設にとって今後ますます大きな課題となるであろう。就労による自立は一つの大切な目標ではあるが、その前に子どもたちは生きる力、生きる意欲を獲得しなければならないのである。施設退所後の援助の継続性はむずかしいが、大変重要なことである。

● 演習課題

1．兄弟を引き離した方がよいという意見が出ましたが、この意見について、ほかによい方法があるか話し合ってみましょう。
2．児童養護施設に入所している児童の問題行動を、保育士はどのように理解し、援助者としてどのようにかかわっていくべきなのでしょうか。
3．母親が酔って3人の子どもを迎えにきたときの保育士の対応について考えてみましょう。
4．退所後の3人について、児童養護施設としてどのようにかかわるべきなのか考えてみましょう。
5．親と子どもの関係や、子どもにとって家族の大切さについて考えてみましょう。

5 児童養護施設での援助事例Ⅱ

「虐待問題を抱えた母子への支援」

● 本人および家族の紹介（家族関係）

本人：A男（6歳）児童養護施設に入所
母親：（37歳）アルコール依存症
祖母：（65歳）母方の祖母で、施設入所当初は母親・A男と3人で暮らしていた
実父：A男を出産前に母親と離婚。現在は音信不通。未入籍で詳細は不明
I氏：A男が入所後、1年ぐらい経過したころから、母親と同居

● 事例の概要

A男と母親の施設入所前の様子は、以下のようであった。

母親はA男の父親と別れた後、違う男性とA男と3人で住むが、その男性は暴力をふるう人だったので別れる。A男もそのことは覚えている様子である。

母親は若い頃から夜の仕事をしていて、お酒を飲むことも多く、現状ではアルコール依存症であり、イライラすると、それをA男にぶつけ、手が出ることもしばしばであった。

母子になってからは、母方の祖母と同居。しかし母親は夜の仕事をしていたので、どうしても祖母がA男の面倒をみることが多かったようである。結果として、母親は祖母とA男から疎外されたような感情をいだき、祖母と母親との関係が悪くなってしまう。

母親はA男に対して異常なほど、愛情、依存心が強い反面、冷たい態度をとることもある。A男を叱るときも厳しい口調で叱る。そんな母親に対して、A男は必死に"よい子"であろうとし、母親に対して甘えを素直に出せないなど子どもらしくない所もみられた。

A男の児童養護施設への措置理由は「母親が肝炎で入院が必要となり、かつアルコール依存症である。子どもへのかかわりのなかで虐待があり、母親が養育することは不適当」とのことであった。

● 事例の経過と援助過程

◆児童養護施設入所当初
【5月】
　A男が児童養護施設に入所。当初はわがままをあまり出すこともなく、よい子で過ごしている。母親が退院して来院したとき、お互いなかなか離れることができず、2人でしばらく泣いている。
【6月】
　A男は普段は穏やかだが、おもちゃの取り合いなど、自分が譲れないときは、きつい口調でいったり、手が出てしまうこともある。
【9月】
　母親は借金返済のため、仕事（風俗関係）に就く。そのため、精神的に辛いことも多く、A男に些細なことでも辛くあたる場面がみられた。A男も不安定気味で、他の子どもに対して乱暴な言動が目立つようになった。

◆おもちゃの取り合いの場面において
　9月になり、幼稚園がはじまったある日、居室では幼稚園に行っていない年少児たちが、実習生と思い思いに、おもちゃで遊んでいた。
　おもちゃには、みんなの共有物と、個人持ちのおもちゃがあったのだが、3歳のB君も実習生も、そのことがわからなかったため、A男の個人持ちのおもちゃで遊んでいた。そこに、幼稚園からA男が「ただいま」と元気よく帰ってきたのだが……。
A男：あー、それ僕のおもちゃやないか。B、返せや！
といいながら、A男は、いきなりB君を殴り、押し倒して、おもちゃを取り返した。B君は泣きだし、実習生はオロオロし収拾がつかなくなった。

そのとき、ベテランのW保育士が他の幼稚園児たちと居室に戻ってきた。
W保育士：どうしたの。A君、こっちに来て説明しなさい。
A男：だって、Bが僕のおもちゃを勝手に使ってたんや。このお姉さん（実習生）も知ってるよ。
実習生：すみません。このおもちゃが、A男君の個人持ちのおもちゃだと知らなかったものですから。ごめんなさい。
W保育士：A君のおもちゃを勝手に使っていたんだね。それでA君はどうしたの？
A男：……
W保育士：いえないでしょう。A君はそれが悪いことだとわかっているからいえないんだよね。A君が、自分のおもちゃを勝手に使われていたので怒ったのは、よくわかるよ。でも、そのとき、いきなり殴るのはいけないことだよね。じゃあ、どうすればよかったかな。
A男：でも……（突然、わーっと泣き出し、物を投げようとする）。
W保育士：（後ろから、A男を抱っこしながら）いいんだよ。A君は今、泣きたいんだよね。お姉さん、こうしているから、泣きたいだけ泣いていいよ。（他の子どもたちに対して）みんなは実習生のお姉さんと一緒に運動場で遊んでいらっしゃい。
　他の子どもたちは、実習生と一緒に外に行き、居室にはA男とW保育士だけになった。しばらく泣いていたA男は、やがて小さな声で話し出した。
A男：お母さんは、いつも僕が悪いことをしたとき、たたいたよ。だから、Bが悪いことをしたらたたいてもいいんだよ。
W保育士：A君は、お母さんからたたかれたときどんな気持ちだった？
A男：恐かった……。お母さんは、僕のことが嫌いなのかなと思った。
W保育士：A君は、お母さんのことが大好きだよね。お母さんもA君のことが大好きだと思うよ。暴力は、そんなA君とお母さんの関係を壊してしまうかもしれないね。A君はBちゃんのこと嫌いなの。
A男：嫌いじゃないよ。好きだけどBが悪いことしたから……。
W保育士：A君の気持ちを伝える方法は、他になかったのかなあ？
A男：言葉でいうのがよいと思う。
W保育士：そうだよね。じゃあ、どういったらいいか、お姉さんと練習しようか。
A男：うん（笑顔）。
　その後、A男とW保育士は運動場に行き、B君と実習生に謝ったのである。

●W保育士の対応
　生活の場面では、子どもが間違った行動をとったとき、それを「叱る」ということがしばしば起こる。虐待ケースの場合、親が自分の「怒り」の感情を処理するために、子どもの問題（たとえば、泣き止まない、いうことを聞かない等）に対して「暴力で解決する」という傾向がある。子どもは、その親のやり方を学習しており、他の子どもに対して、特に自分より力の弱い子どもに対して、同じ方法、つまり問題を暴力で解決しようとする。そういう子どもの行動に対して、きびしく「怒る」という方法をとれば、親の虐待を再現してしまうことになる。W保育士の対応は、次のようであった。
　① 子どもの間違った部分だけを責めるのではなく、正しい部分と悪かった部分を整理する。
　② 子どもが話ができる状態、また話を聞ける状態になるまで、待つ。
　③ 子どもが安心感をもてるように、「怒り」の感情をもたないで接している。
　④ どこが悪かったかを指摘するだけでなく、どうすればよかったかを一緒に考える。
　以上のような方法をとったのであるが、W保育士は、このような対応だけでは、A男の行動に改善がみられないことを悩んでいた。

◆W保育士へのスーパービジョンの場面
　W保育士は家族支援担当のX指導員のところにやってきた。
W保育士：A君のことなのですけど、今日、おもちゃのことで、トラブルがありました（B君との一件を説明する）。A君は今は落ち着いていますけど、最近他の子どもへの乱暴が目立つんです。その場で話せばわかってくれるのですが、効果が継続しないように思うのです。どうしたらよいか、わからなくなってしまって。そのうちA君を怒ってしまいそうです……。
X指導員：それはそうですね。あなたがA君にやっていることは間違っていないのだけど、処遇効果はあまり期待できないですね。
W保育士：どうして処遇効果がでないのでしょう？
X指導員：暴力で問題解決をしない、ということを施設で学習したとしても、母親が相変わらず、A君に対して暴力で問題解決をしていたとすると、A君は迷ってしまいますよね。母親の子どもへの対応が変わらなければならないね。
W保育士：何かよい方法はありますか？

X指導員：今、週１回、お母さんと面接を行っています。お母さん自身が子どもの頃、母親（祖母）から精神的な虐待を受け、さらには父親（祖父）からの性的な虐待もあったようです。そんなことから、お母さんは自尊心が低いというか、自分なんか生きる値打ちがないとか、まわりの人が自分を非難していると思っています。

W保育士：そういえば、施設に来ても玄関までしか入ってこられないですね。私たちとも、あまり話しませんし……。

X指導員：私は、お母さんの評価できる部分を探しながら面接をしています。料理がうまいなど、評価できる部分はたくさんあるのです。そういうものを活かした形で、週１回ぐらいのペースで、施設のなかにボランティアとして入ってもらおうと思っているのですが、どうですか？

W保育士：それは、よいと思いますが、そのとき他の子どもたちはどうしたらよいでしょう。

X指導員：もちろん一緒にいたほうがよいと思います。Ａ君と母親の間には虐待の関係がありますね。同時に、Ａ君にとってやさしいお母さんとのよい関係もあります。子どもは「やさしいお母さん」は大好きだけれど、「恐いお母さん」は嫌いです。面接室を使うと、Ａ君も母親も緊張しますし、安心感がもてません。そんな時、Ａ君が救いを求めるのは保育士でしょう。それを感じとった母親は嫉妬心、ちょうど、祖母に対して感じたものと同じ気持ちのようなものが生まれ、せっかくできてきつつある「よい親のイメージ」が壊れてしまいます。居室だと、Ａ君は安心感がもてますし、他の子どもと母親のかかわりをみながら、「やさしいお母さん」を感じとることができると思います。

W保育士：他の子どもたちがうらやましく思わないでしょうか。

X指導員：それは大丈夫です。母親がＡ君とだけかかわるならばそれも考えられますが、みんなとかかわることができれば、他の子どもたちはうらやましいとは感じません。母親として来園するのではなく、ボランティアとして来るのですから。むしろ、他の子どもたちが母親を育ててくれると思いますよ。保育士の役割は、母親が混乱することなく、他の子どもたちとかかわれるように、コーディネートすることだと考えてください。

W保育士：わかりました。やってみます。

X指導員：最初は、私も母親と一緒に居室にいるようにします。

●X指導員のスーパービジョンのポイント

　虐待は親と子の関係性のなかから生じている問題である。したがって、親子関係の修復を図るためには、親と子がかかわることによって初めて可能になる。施設保育士にとっての重要な役割は、その子どもの親になることではなく、親と子のよき仲介者になることであろう。

◆その後の経過
【11月】
　入所後半年が経ち、A男も母親に対して「わがまま」を出せるようになり落ち着いてくる。以前、母は手をあげてしまうこともあったが、施設に預けて、よい距離感、密着感ができた。
【翌年3月】
　母親より交際相手（I氏）ができたと聞く。A男との関係もよい。A男も母親とその男性と3人で暮らすことを願う。
【6月】
　母親から、I氏の存在により精神的に支えができ、アルコール依存症の治療をしたいという申し出がある。しかし結果的に入院は断念する。
【8月】
　I氏が引っ越しを余儀なくされたことで、その費用やA男の引き取り後の学費などを考えた末、母はまた風俗関係の仕事をする。それによって、また母子間の不安定さがみられるかと思っていたが、母親とA男がお互いに心の支えとなっているように思われる。

● 演習課題

1．「怒る」と「叱る」の違いを話し合い、それぞれの目的を明確にしてみましょう。
2．虐待ケースの親子関係の修復を図るとき、考えておかなければならないポイントがいくつかあります。本事例の場合、それはどんなことか整理してみましょう。

6 乳児院での援助事例

「母親の育児不安への援助」

● 本人および家族の紹介（家族関係）

本人：K太（0歳10か月）乳児院入所児
母親：（30歳）専業主婦
父親：（35歳）調理師
＊年齢は本人の乳児院入所時

　入所前に母親から育児の困難さを訴える電話相談（24時間ホットライン）があり、後日、父親、母親ともにA乳児院へ相談にくる。父親は調理師で仕事の時間が不規則なため、ほとんど家事・育児にはかかわれない。母親は家事・育児のすべてを背負っての生活に疲れ、育児不安を感じ精神的にもかなり混乱していた。そして養育困難な状態のなかで母親はK太と生活をしていくことに不安を感じ、相談ののち、児童相談所にK太の乳児院入所申請をして入所となった。

● 事例の概要

　K太の両親は13年前に結婚。11年前に初めて妊娠するが、胎児に異常が認められ堕胎した。しばらくして再び妊娠したが、胎児の発達が悪く医師からの指導を受けて流産する。
　2度にわたる流産のショックが大きく、それ以来母親は精神的に沈みがちな状態が続いていたという。妊娠前は仕事も順調であったが、2度目の流産以降は仕事もせずに家に閉じこもりがちな生活を送っていた。
　K太の出産は予定外だったというが、授かったK太に対しては愛情を抱いている。しかし、現実はK太の子育てにイライラして母親自身が精神的に追い込まれて孤立してしまう。

● 事例の経過と援助過程

◆食事場面でのトラブル

　K太の入所中、母親はA乳児院に通って日中はK太と一緒に過ごすことになった。このなかで、食事場面でのトラブルが何度かあった。K太は嫌いな食べ物はなかなか口にしようとしない。そして無理に食べさせようとすると泣いたり、口のなかの物を吐き出したりする。また、介助されることをいやがり、他の子どもたちより時間がかかる。

　母親はそんなK太の食事の仕方にイライラし、保育士が席を外したときにK太をじっとにらみつけたり、きつく叱ったり、たたいたりする。K太にとって食事は楽しい時間ではない。

●保育士の対応

　母親には、食事だけにこだわらないようにと面談で助言する。K太の月齢発達での一般場面での話をふまえ、さまざまな子どもたちの食事場面でのトラブルや介助方法を考えながら、穏やかに食事ができる雰囲気をつくるよう保育士も一緒になって実践に取り組む。

◆院内保育園へ通う

　K太が1歳6か月になり、日中は院内の保育園に通うことになった。K太は泣きながら登園して保育室に入室していたが、慣れるとほかの子どもたちと一緒に仲良く遊ぶことができるようになった。

　母親には保育園でのK太の様子をノートに記録して、外泊時に渡すようにした。母親は外泊中のK太の様子を記入することになっていたが、その記入の仕方は半端なものでなく、1冊のノートが1週間ももたない状態であった。その内容は、母親としての気持ちやK太の育児相談などであるが、母親自身の生育歴なども記され、そこからこの母親がアダルトチルドレン※（AC）であることが推測された。

●保育士の対応

　K太の保育園での様子を記録するノートはそのままに、これとは

※アダルトチルドレン
アルコール乱用、またはアルコール依存症の親をもつ家庭のなかで育って大人になった人。ACと訳されることが多いが、正式にはACOA（adult children of Alcoholics）である。最近はACの意味を拡張して用い、「機能不全の家庭で育った人々」をさすこともある。これは、本来のACを育んだ家庭と同様の家族内行動が見られるためである。

別に保育士と母親との連絡ノートとして「K太☺MAMAノート」をつくり、現状での母親の思いや育児のアドバイスなどを交換日記のようにやりとりすることを提案した。最初母親は戸惑いもあったが、担当保育士とのやりとりのなかで次第にうち解け、保育士自身も母親の思いや不安を受けとめていった。

◆母親のパニック

外泊中のある朝、K太の寝起きが悪くグズグズしていることに対して母親がイライラし、K太を叱ってたたき、そしてK太が泣き出すと、仕事の支度をしていた父親があまりの母親の態度に激怒した。すると母親は近くにあった掃除機で父親の頭を殴りつけてしまった。そして我に返った母親はあわてて乳児院に電話をかけ、「このままではK太を殺してしまいそうだ」と訴えた。

●保育士の対応

まず、電話での相談をじっくり聞いて母親の気持ちを落ち着かせた。それからすぐに乳児院へくるように促した。その後母親と面談を行い、さらに父親との面談、児童相談所のケースワーカーへの報告をし、母親への援助を周囲の者全員で受けとめるよう確認する。

この後、父親、母親そろっての面談を行い、K太の状態を互いに確認したり、父親の母親への思い、母親の父親への思いをそれぞれ出し合い、担当保育士がその間に入って、お互いの気持ちを確かめ理解するよう促す役割を担った。

● 考 察

今後もK太の成長・発達に合わせたかかわり方を両親ができるように実践と実例をもって支援していく必要がある。

特に母親に対しては、精神的な不安定が育児不安につながり、さらにそれによってますます落ち込みが増すために、この悪循環を断ち切るように親子で気軽に参加できる地域交流の場として、A乳児院の「母と子の親子教室」への参加を呼びかけ、母親にインフォーマルな部分での人間関係の構築を図り、公私両面から支援していくことが必要である。

今後、乳児院の入所年齢が過ぎた後のK太の支援について、K太の住む地域の保育所などの受け入れ態勢などを整えることも大切であろう。

● 演習課題

1．母親の精神的不安定のなかでの育児を考えながら、保育士としてK太にどのようにかかわればよいのか、考えてみましょう。
2．K太の母親への援助の際、ケースワークの原則がどのようにあてはまるのか、考えてみましょう。
3．上記のケースワークの原則を意識して、母親がパニックを起こしたときの保育士との面談場面を実際にロールプレイングしてみましょう。

7 児童館での援助事例

「地域で孤立していた親子への援助」

● 本人および家族の紹介（家族関係）

本人：M子（3歳8か月）月齢からすると小柄で細く、人見知りが多少ある。あまり声を出さず、母親の方をよく見ている。同年齢の子どもの輪に入っていきにくそうである。

母親：（29歳）結婚と同時に夫が転勤の多い仕事のため退職する。家事・育児を両立できるか不安であったという。2人きょうだいの長女で、性格傾向はおとなしいが、きっちり物事をやり遂げたいタイプ。

父親：（32歳）保険会社営業職。温厚な性格だが仕事柄転勤が多く、勤務時間が長時間に及ぶ。そのため家事・育児は妻が主となり担当。休日や早く帰れたときは子どもを入浴させたりしている。

● 事例の概要

児童館は児童の健全育成を目的とした、利用型の児童厚生施設である。少子高齢社会が進行し、子育て支援や児童の健全育成が重要視されるなかで、その実践現場となる児童館の果たす役割は大きい。ここでは、児童館で実践された子育て支援内容を含んだケースワーク事例を紹介する。

M子の一家は、父親の仕事の関係でN市に引っ越してきたばかりで、親戚や知人もなく、近所つきあいにもまだ慣れず、親子ともども友だちがほしいと考えていた。

公園にも遊びに行くが、言葉（方言）の違いもあり、なんとなくご近所になじみにくく、小さな子を抱えて見知らぬ土地での生活に慣れるのに必死な毎日であった。そんなとき、いつもと違う散歩道の途中で児童館を知った。

● 事例の経過と援助過程

◆5月上旬「児童館に来館するまで」

M子と母親は親子で児童館にきて、入り口付近で中をうかがっていた。その様子に気づいたA指導員（保育士）が「どうぞ、中に入って遊んでみてく

ださい」と声をかけると、母親は少々はずかしそうに「これを（子どもの日行事の案内チラシを差し出し）見て、今日は場所を確かめにきただけなので……」と答え、帰っていった。

◆5月下旬：児童館への来館
　「こんにちは」と小さな声を出し周囲を見渡し親子で来館する。
●A指導員の対応
　児童館が開いた午前10時過ぎに親子で来館するが、まだほかの子どもの姿はない。「おはようございます。指導員のAです」A指導員が遊戯室に案内し、「ここにある遊具で自由に遊んでもらっていいですよ」と母親とM子に説明する。「幼児さん向けのおもちゃが、少ないかもしれませんね。あと絵本は遊戯室の左隣、図書室や通路の書棚に置いてあります。飛び出す絵本も置いていますので、一緒に見て読んであげて、楽しんでください」と館内を指差しながら、説明を続ける。この間、母親はM子の手をしっかりと握りしめて聴いていた。
　A指導員は一通り説明を終えると、母親に対して「事務室で児童館だよりづくりの準備をしていますので、何か用があったら呼んでください」と伝える。M子には、かがんで彼女と同じ視線の高さになって「おもちゃのことや、わからないことがあったら、先生の所にきてね。先生のお部屋は（指差しながら）扉に大きなクマさんの絵がはってあるお部屋よ。じゃーね」とM子に手を振り、母親に一礼し遊戯室を出た。
　指導員が事務所に戻る前に遊戯室の方を振り向くと、2人とも立ちつくして指導員を見ていた。母親とM子の方に向きなおして「何か、質問ありますか？」と声かけをすると、しばらく間があり、「い、いえ……」と返事があった。A指導員も少し気になっていたが、児童館だよりの発行を急いでいたので、「何かあったら遠慮せずに声かけてください」と優しい調子で再度会釈し、事務所に戻った。

◆同日の児童館でのM子親子のかかわり方
　A指導員が様子を事務室付近から随時見ていると、しばらく親子で遊戯室内を見回し、じーっとしている。それから母親が「Mちゃん、（右側を指差しながら）あそこクマちゃんの絵が描いてある箱に、おもちゃが入ってるからもってきてごらん」と話しかけている。おもちゃ箱から、M子がままごとセットを出してくる。すると母親は「じゃ、お人形さんももってくると楽しいよ。そうだあっちにある"ドラえもん"のぬいぐるみも連れてきてあげた

ら……」と優しい口調であるが、M子に指示しながら、M子が動くのを見ている。M子は、母親に言われたように遊びつつも、「ねえ、お母さん、遊ぼー」と母親の方をじっと見て誘いかける。すると母親も「はいはい、じゃ、お母さんは○○をしようかなー……」とM子に応じて遊んでいる。

そうしている間に、常連さんの親子連れが数組やってくる。勝手知ったる児童館で、子どもが遊び出し、ほかの子どもたちに圧倒されたのか、M子は動きを止め母親の方を見つめる。母親も少しためらっている様子だったが、M子に「じゃ、Mちゃん、今日はこれくらいにしてお買い物に行こうか」と言うと、M子も納得している様子であった。

● A指導員の対応

M子と母親が遊戯室から出て帰ろうとするときに、A指導員は2人に近寄りかがむ姿勢で、M子の視線の位置に合わせて「児童館初めてで、どうだったかな？ お家にないおもちゃもあるし、またいろんなお友だちとも遊べるよ」と穏やかだが明るい調子で話しかけた。加えて母親へも「児童館にいらして、いかがでした？」と問いかけた。

母親「ええ、なんていうか……初めてですしね」と遠慮がちに答える。

母親のイメージでは、児童館は小学校くらいの子どもたちが通っている所だと思っていたという。

A指導員「初めて児童館にいらっしゃって、まだまだ様子がわからないことが多いと思います。わからないことは、気軽に尋ねてください。慣れるまで親子ともども時間がいるでしょうしね。また時間があるときには、Mちゃんと一緒に顔見せてくださいね」とゆっくりと話しかける。

親子とも照れくさそうだが、母親は「ええ、わかりました」と返事をして児童館を後にした。

◆児童館スタッフ会議

5月末のスタッフ連絡会議時に、A指導員は連絡事項として、来館者の状況報告のときに、M子親子の初来館の様子を説明した。この連絡会議は館長（元学校長で教育相談経験者）、児童館厚生指導員、学習指導員、労務管理員らが、お互いの連絡事項の確認や情報交換の目的で実施している。

この会議時に、館長や他スタッフからM子親子への個別な対応の必要性と、他の親や子どもとの仲間づくりの調整をする必要があることを助言された。また、無理に話を切り出すことよりも、

① 母親が話しかけやすい雰囲気づくり
② M子自身のペースで遊べるように、親子の落ち着いた遊び方や関係の

とり方
③　他の親子との交流を促していくこと
以上を援助目標とした。
　こうした目標を意識し、A指導員はM子親子とかかわる時間を大切にし、彼らへの理解を深めたいと考えていた。

◆6月上旬から7月上旬にかけて4回の来館
　先の援助指針が効を奏したのか、その後、梅雨時で雨が降っているときも、週に1回くらいは来館し、この1か月間で計4回やってきた。来館するに従って、徐々に児童館という場にM子も母親も慣れてきている様子である。
　M子が、自分から遊びたいものを探し「Mちゃん○○で遊ぶ」と母親に遊び内容を主張する場面も多くなった。ほかの子どもがいるなかでも、自分なりにお人形さんやぬいぐるみなどを使い、ままごと遊びや絵本読み聞かせごっこ遊びを楽しんでいた。ただ他の子どもとの遊具の取り合いになると、あきらめたり引いてしまうことが多い。
●A指導員の対応
　2回目以降の来館時に時間があると、遊戯室でM子がごっこ遊びやひとり遊びをしている間に彼女の遊びの様子を見守りながら、A指導員は母親の横に並び、さりげない話題からM子一家の生活や育児のことなどへと話題を広げ、援助方針を確認した。
　たとえば「雨が続くと、買い物やお散歩など外出しにくくなりますね」と子どもとの暮らしに関連した天候の話題からはじめ、そして「以前、書かれ

た来館者カードの『来館したきっかけ』欄で、引っ越して親子で友だちがほしいとのことですが、その辺についてもう少し詳しく話してくださいますか?」などである。

そのような会話のなかで、M子が小柄なため、行動・言語面におけるほかの子どもとの比較や、転勤が多く親子で友だちづくりがむずかしい、地域のなかでの人間関係が気になることなどの話題がでてきた。とにかく自分の思いや不安、ときには愚痴を話す相手を求めている様子であった。

来館が続くなかで母親は「ここで話を聴いてもらいホッとして、家であんまりごちゃごちゃ考えなくなった気がするわ……。他の子とM子を比べるけど、M子のペースもあるしね」と話していた。

●対応「グループ交流に向けて」

こうして児童館に徐々に慣れてきたM子親子の様子を見て、3歳以上の親子を対象とした「すくすくクラブ」という親子でする体操や遊びのプログラムへの参加を呼びかけた。このクラブには仲間づくりをお世話してくれるベテランのお母さんもおり、こうしたグループ活動に参加することで、母親が希望する親子での友だちづくりへとつながっていけば、とA指導員はじめ児童館スタッフが考えたからである。

● 考　察

母親のM子に対するかかわり方として、口調はやわらかいかもしれないが、M子との遊び方において、親子で一緒に遊ぼうというよりは、指示的で母親の考えで遊ばせてしまう傾向が観察された。それが徐々にではあるが、M子の遊びを尊重する形に変化していった。

M子親子のような転勤族だけに限らず、少子化・核家族化が進行していくなかで、情報化社会ではマニュアル化されたさまざまな育児情報が氾濫している。そのため、多様な育児上の不安をもつ母親たちがいるといえる。子どもとの接し方、育児、生活上の悩みをもつM子の母親を、保育・福祉の専門家であるA指導員が、利用型の児童館という現場で、どのように受けとめていくかが1つの課題であった。つまり、指導員などに話を切り出せない母親との個別的な相談業務と、利用型施設の児童館で雑多な仕事内容を切り盛りしていくことが、指導員には求められていたのである。

そして、M子親子と指導員との関係づけが形成されていくなかで、この親子にとっての仲間づくりが次の課題といえる。そこで児童館内の「すくすくクラブ」を紹介し参加を促した。今後世話役の母親たちとM子親子とのかかわりを見守り、状況に応じて個別のフォローも必要かもしれない。

●児童館を理解するために

全国の児童館・児童センターが一つになって、すべての児童が心身共に健やかに成長し発達するという目的を達成させるため、その連絡・調整・推進機関として「財団法人　児童健全育成推進財団」が設立されています。アドレスは
http://www.jidoukan.ne.jp/index.php

児童健全育成推進財団のホームページには、児童会館・児童クラブ職員の方々、子育て中のお母さん・お父さん、そして子どもの「育ち」に興味関心のある方の交流ステーションとしての「じどうかんNET」があります。この「じどうかんNET」は、掲示板のほか、さまざまな遊びを紹介する「あそびデータバンク」や全国の児童館を探すことができる「どこにあるの？　児童館」とによって構成されています。
アドレスは
http://www.jidoukan.ne.jp/net/net.php

● 演習課題

1．5月下旬に、M子親子がはじめて児童館の遊戯室に案内されたときのM子親子の心理について考え、A指導員の対応をケースワークの視点から検討してみましょう。
2．母親へのケースワーク援助（個別援助技術的関わり）において、A指導員が継続的なかかわりをつくるために工夫している点を考えてみましょう。
3．あなたの近くにある児童館を訪問し、子育て支援や親子で利用できる活動やプログラムについて聞いてみましょう。

8 母子生活支援施設での援助事例

「子育てのモデルをもたない母親とその子どもへの援助」

● 本人および家族の紹介（家族関係）

母親：A子（34歳）無職
長男：Y男（2歳6か月）保育歴なし
次男：H雄（0歳8か月）保育歴なし
＊年齢は母子生活支援施設入所時

　内縁同棲中の夫が逮捕され、住み込みの勤務先から解雇されたことで、取り残された母子3人の住居と今後の生活について、母親から福祉事務所に相談があった。住み込み先から早急に退去するように迫られていたため、緊急保護ケースとして母子生活支援施設で入所の受け入れをすることとなった。そのときの所持金は5万円であった。その後夫は起訴され、2か月服役することとなった。

● 事例の概要

　母親のA子は、A子の父親の仕事が定まらないために各地を転々とした。中学校卒業後は縫製工として働いていたが長続きせず退職した。その間暴走族に加わったこともあった。その後スナック等でアルバイトをし、21歳のときに結婚した。そのときの夫との間に2児を出産した（現在の2児とは別）が、夫の親との同居をいやがって協議離婚をした。そのときの夫のことや2児のことは、現在消息も知らないとのことであった。離婚後は職や住居を転々と変えた。そして現在の内縁関係の男性と知り合い、その男性の住み込み先で同棲生活をしながらY男（現在の長男）とH雄（現在の次男）を出産した。また、A子の両親は数年前に離婚し、父親は現在行方不明で、母親と妹については前の夫との離婚が原因で絶縁状態になり、その後音信不通となっている。

● 事例の経過と援助過程

◆入所当初

　A子は、2人のわが子への対応の仕方がほとんどわからない様子であった。特に長男のY男に対しては、暴力と暴言をもってしか接することができないでいた。そのためかY男は「いたい」と「こわい」の2つの言葉しか発することができず、なおかつ多動で他者への警戒心が強い。また、Y男の他者に対する自己表現は、かむ、たたく、投げる等の直接行動しかできない。

　A子は次男のH雄に対しては多少の声かけはするが、常時背負ったままで、ちょっと泣いただけで腹立たしそうに叱りつける。しかし、子どもへの愛情を感じさせる場面もときどきみられ、自分の思い通りになったときには嬉しそうに顔をほころばせたり、誰かが自分の子どもをいじめたりすると、むきになって仕返しをしたりする場面も多い。

　内縁の夫との生活に不安を感じたA子は、その夫と別れて2児（Y男とH雄）を引きとり、母子3人で再出発したいと思っている。子どもを保育園に預けて就労し、生活基盤をつくって1日も早く退所し自立したいという希望を強くもっている。

●保育士および指導員の対応

　A子の希望を中心に考えて、各種法律や制度を活用しながら生活基盤づくりをする方向で援助を進めていくことにする。A子が求職活動を行う前に、2児の地域の保育園への入園が決まり通園がはじまった。しかし、保育歴がないことで母子ともに通園に対する適応がむずかしく、①定刻に登園できない、②保育士と母親の人間関係がうまくいかない、③2児が集団生活になじめない、④母親が未就労である、等の理由でなかなか通常の保育時間まで至らないでいた。母親も「仕事、仕事」と言いつつも、保育困難を理由としてなかなか求職活動をしようとしない。

　ここでは、次の3つの生活問題とその課題が浮き彫りになった。

① 早朝から、静かな施設内に響きわたるほどの大きな声で、Y男とH雄の泣き叫ぶ声と、A子の怒鳴る声が聞こえてくる。そのため、近隣住民から苦情が出てきた。近隣住民へ迷惑をかけないための工夫や、登園の準備が順調にできるようになるためには、具体的にどのような援助が必要かを考えなければならない。

② A子は、口では「早く仕事に就きたい」と言っているが、実際にはほとんど求職活動をしようとしない。もっとA子の本音や不安をていねいに聞きながら、A子の事情に沿った助言や指導を行う必要がある。

③　A子は、保育園から指示されていることや、保育園での約束事に対して非常に反発的で被害者意識が強いため、保育士との信頼関係を結びにくいということがある。それはA子の育ってきた環境に原因があると考えられる。しかし、こういった母親の現状に対して根気よく対応しながら、うまく子育てできる能力を身につけてもらうための援助が必要である。また、保育園に対しても母子への理解を深めてもらうための連携が急務となる。

◆入所後1か月
　2人の子どものお迎えから帰り、施設の玄関をあがったところで、長男のY男がおしっこをしてしまった。A子はそれに腹を立ててY男に大声で罵声を浴びせ、Y男の背中を突きとばした。そして、おしっこはそのまま放置して、次男のH雄だけをつれて居室にこもりカギをかけてしまった。そのままY男はいつもの通り泣き叫んでいる。

●指導員の対応
　事務所にいた指導員が、まずY男のそばに駆け寄って声をかけ、泣き叫んでいるY男を落ち着かせた。そして、Y男の失敗をとがめないで「がまんしていたのに出ちゃったね」「今度はがまんしないで"シィー"て言ってみようか」と前を押さえて明るくポーズをしてみせた。そのポーズを見てY男は泣きやみ、ニッと笑った。続いて、「お母さんと一緒にここをきれいにしましょうね」と言うと、表情を歪めて恐がり出した。
　そしてA子を呼びに行き、おしっこの後始末をするように指示をし、Y男をとがめないこと、帰るまでがまんしていたことを受けとめること、「今度は言えるといいね」というように、次のステップへつないでやることが大切であると助言をする。
　そのときは、A子の感情はまだ高ぶっていて「後始末なんかY男がすればいいんだ」と不満げであったが、指導員の「私と一緒にしましょう」という言葉を受けて玄関まできた。Y男は母親を見るとおびえて再び泣き叫び出した。A子はY男を見向きもせずに、おしっこの上に古新聞をかぶせた。そして、指導員が「Yちゃん、大丈夫よ」と声をかけてみせながら、A子に対してY男への声かけを促す。するとA子は怒った口調ながらも「泣かんでええ、今度はちゃんと言いや」と言った。Y男は泣きやみ、母親の顔を見た。後始末を終えてA子は「帰ろう」とY男に声をかけ、居室に連れて帰った。しかし、再び居室からY男の泣く声がした。

◆入所後1年

　Y男が母子生活支援施設内の保育園の保育年齢に達したため、施設内保育園へ通うこととなった。登園前の準備や通園の負担が軽減され、定刻登園がきちんとできるようになってきた。

　Y男が母親より一足早く玄関に出てきて自分で靴をはこうとしていた。靴が左右反対になっていることに気がつかないでやっとはけたところへ、A子が次男のH雄を抱いて出てきた。Y男は自分で靴をはいて待っていたことを母親に誉めてもらおうと期待している様子である。母親はそれを見て、「なんやー、あんたアカンな。靴反対やんか。なあH雄ちゃん、お兄ちゃんアカンなあ」と言った。

●保育士の対応

　母子生活支援施設の保育士がY男の所へ寄っていきながら、A子にY男の気持ちを気づいてもらおうと「お母さん。Y男ちゃんは顔を真っ赤にしながら、がんばってやっと靴がはけたところへ、ちょうどお母さんがこられたのよ」と声をかけた。そしてY男に「お母さんに見てもらえてよかったね」と言った。母親はそれを聞いて嬉しそうに笑いながら、「Y男、先生ががんばってはいたなって言うてはるで。よかったな」とY男を見た。するとY男の顔が少しほころんだ。

◆入所後1年3か月

　七夕お楽しみ会で、保育園の出し物としてハンドベルの演奏をした。その日、A子は朝から落ち着かない様子で、何度も保育室へ顔を出してはY男の様子をうかがったり、「がんばりや」と声をかけたりしている。また、保育士

に「Y男、上手にできるやろか」と心配顔で尋ねた。

　そして、お楽しみ会のとき、Y男は母親の方ばかり見ながら、一心にハンドベルを鳴らし、上手に演奏することができた。A子は、上手に演奏できないだろうと思っていたY男が無事に演奏することができたことに感激し、本当に嬉しそうに目をうるませていた。日ごろから、この母子に対して迷惑感を抱いている参加者全員（入所母子全員）が、このときの母親とY男の姿を見て、2人に大きな拍手をおくった。その後、数日間A子もY男もハンドベルの話題を何度も口にして、とても嬉しそうだった。

●保育士の対応

　Y男の演奏が心配で落ち着かないA子の気持ちを察して、「お母さん、大丈夫よ。私もとても楽しみだわ」と母親の緊張をほぐした。Y男にも「お母さんが『Y男ちゃんは一生懸命がんばっているね、H雄ちゃんも見に行くよ』って言ってたよ」と、やわらかく励ましておいた。お楽しみ会での満場の拍手を受けて以来、A子の行事参加等はたいへん意欲的になった。

● 考　察

　不安定な家庭環境で育ったA子は、モデルとするべき家庭や親の姿というものを、実感としてもっていない。A子の自信のなさや喪失感に対して、援助者は指示的な対応ではなく、ともにかかわりながら、モデル的な対応をしてみせることが大切である。施設内保育園では、子どもたちだけではなく、母親も対象にした保育内容も実施することができ、家庭づくり援助の効果をあげることができるが、あくまでも母と子の「関係」にかかわって、家族関係を側面から支えていくという視点を忘れないように援助を行うことが大切である。

　A子のY男への対応は、子どもの気持ちを適切に受けとめてやることができなかったり、声かけや愛情表現が未熟で稚拙な部分が多いが、前述のような方針の援助を展開することで、少しずつ場面への理解力がついてきた。これは、施設内保育園は小規模で、家族的雰囲気のなかできめ細かい保育が可能であったからである。また、この特性を十分に活用して、登降園時等にA子との会話をできるだけ多くし、子育ての喜びや苦労を共感できる関係づくりに努めた結果でもある。さらに「お楽しみ会」のときのように母親の気持ちに寄り添いながら、喜びの共感をできるだけ多く積み重ねていくことが大切であり、施設という小集団のなかで、入所者相互が共感し合い、励まし合う集団づくりが大変重要となる。集団による刺激や経験が一人ひとりの社会性を磨き、自立への力になっていくことを見逃さないようにしたい。

● 演習課題

1．A子が、家事や育児に対する基本的な生活習慣や育児の仕方等が身についていない原因を考え、その上でどのようにして子育ての当事者としての能力を高めていけばよいのでしょうか。事例から具体的援助を拾い出してみましょう。
2．乳児・幼児を抱えての就労は、母親への負担も大きく、また、子育てに手がかかるということが不利な条件となって、就職が非常にむずかしくなっています。しかし、女性の社会進出や女性の自己実現を支援するための施策も増えてきています。そうした施策にはどのようなものがあるか調べてみましょう。
3．母子生活支援施設の社会的役割について考えてみましょう。
4．家庭づくりの援助とは、家族の「関係」にかかわる援助であることを考慮し、援助者としてどのような配慮が必要であるか、事例をもとに考えてみましょう。

第5章

グループワークの基礎知識

1 グループワークの基礎知識

1．人の発達と集団

　人は、その発達過程においてさまざまな「集団」とかかわりをもちながら、社会人として成長していく。つまり、人は1人で生きるのではなく、社会生活のなかで多くの「集団」とかかわりをもちながら、社会に適合する存在として成長・発達をしていくのである。言い換えれば、人は社会や「集団」によって育てられるという側面もあり、そのため人は「社会的動物」ともいわれている。

　そのような、人がかかわりをもつ「集団」は2種類に大別できる。1つは、「基礎的集団」と呼ばれるもので、家族や地域社会のように自然発生的に形成されていくものである。もう1つは、学校や会社、病院といった特定の機能を有することを目的としてつくられたもので、「機能的集団」と呼ばれる。

　たとえば、人は家族の一員として誕生し、その家族成員によって育てられる。そして、地域社会、特に近隣の者との基礎的な関係を経ながら、保育所や幼稚園、小学校や中学校という特定の機能を有した「集団」に所属していく。そこで、さらに仲間集団やサークル集団と出会い、相互干渉していくことで成長していく。また、個人の生活ニーズに応じて、学習塾や病院、宗教団体、各種施設等と関与しながら成長していくのである。そして、成人期になると自らが選択する会社などの経済的集団（職場）に所属することにより、金銭的な報酬を受けて、社会で自立的に生活していく基盤を固めていく。さらに、結婚して新たな基礎集団としての家族を形成していくのである。

　このように、人はさまざまな「集団」とかかわりをもちながら、成長・発達していくが、その人が生活する社会の一員として存在していく過程を「社会化」という。具体的にいえば、社会には各々独自の文化、言語等があり、生活様式や倫理規範、価値基準といったものも社会によって異なってくるが、自分の生まれた社会のそのようなものを吸収して内在化し、その社会に適合した行動をとることによって、その社会の一員となっていくことが、「社会化」である。また、移転などで、別の社会で新たに生活することになり、再度その社会の生活様式等を内在化していく過程を「再社会化」と呼ぶ。

　社会における「集団」には、このように人を育成・保護する機能を基本に、さまざまなニーズに適合する機能ももっている一方で、マイナス要因も多分に

合わせもっている。人によっては、所属している「集団」やそのメンバーと必ずしも適合できないこともあり、その場合「集団」の存在が逆に葛藤やストレスの原因にもなってしまう。家庭での「児童虐待」や学校・職場における「いじめ」は、その典型例である。

2．グループワークの意義と構成要素

　グループワークは、このような「集団」もしくは「社会」との関係に困難を伴っている人を対象にして、「集団」のさまざまな機能を活用しながら援助を展開していく社会福祉の専門的な方法論であり、「集団援助技術」とも呼ばれている。また、基本的には援助者と対象者の直接的なかかわりを基盤にして援助が展開されていくことから、ケースワークと同様に「直接援助技術」として類型化されている。

　一方、ケースワークとの相違点としては、同じような問題状況に置かれた対象者が集まり、1つの「小集団」（グループ）を形成して、さまざまな集団経験を経ていくことを援助の柱にしていることである。ケースワークは、個人と個人の対話を中心に援助を展開するが、グループワークは、その小集団によるさまざまな共同作業を通して、個人の成長・発達を促したり、問題解決を図っていく援助技術なのである。特に、共通の悩みを抱える者同士が集まるという許容的な雰囲気のなかでは、実社会ではなかなか得られない「相互作用」的な経験をすることができる。その小集団内の相互作用的な効果を援助に最大限活用することが、グループワークの特徴の1つである。

　そのグループワークの構成要素としては、以下のものがあげられる。

(1) 実施主体

　第一の構成要素として、グループワークの「実施主体」があげられる。

　社会福祉の領域では、入所型、通所型、または利用型という施設の形態を問わず、さまざまな施設・機関がグループワークを実施している。たとえば、保育所や児童養護施設、母子生活支援施設や児童館等の児童福祉施設、授産施設や更生施設等の障害児者施設、さらに各種老人ホームやデイサービスセンターなど老人福祉施設も、グループワークを援助の一環として頻繁に実施している。また、児童相談所や福祉事務所、各種更生相談所、さらに在宅介護支援センター等の相談・調整機関もグループワークの実施主体である。一方、施設・機関以外でも、地域社会のさまざまな福祉系民間団体や教育組織等で、グループワークならびに、それに類する活動が日常的に実施されてい

る。

(2) グループワーカー

　第二の構成要素は、「グループワーカー」である。
　このグループワーカーに関しては拡大解釈され、メンバーのなかから選ばれると勘違いされることがあるが、基本的に対人援助者、つまり上記の実施主体に所属している専門職（または実施主体から依頼された専門家）が、その任を負うのが原則である。メンバーと同じような経験を過去にしたという人は問題ないが、現在も同じ悩みを共有している人はグループワーカーには適さないのである。あくまで、グループワーカーは対人援助を提供する側の人であり、援助展開上メンバーの言動に共感しても、一歩距離を置いて客観的に援助していかなければならない。そのために、メンバーからの選出は適さない。グループワーカーには、ふだんからメンバーと頻繁に接触のある施設・機関の専門職を選ぶ場合もあれば、大学の教員等の専門家を招くこともある。
　一般的にわが国においては、グループワーカーはグループワークの実施に伴って、その援助目標に適任の人がそのつど選ばれることが多い。そのため、ふだんからグループワーカーという専門職を常駐させている施設・機関は少なく、必要に応じて、メンバーと関係の深い保育士や各種相談員、さらにケースワーカー等がグループワーカー役を兼務する傾向にある。

(3) グループ

　第三の構成要素は、「グループ」である。この「グループ」は、2人以上のクライエントから構成される小集団であり、クライエント群としてもとらえられる。そのため、グループワークでは、このグループ自体を1つの援助対象とするのである。また、このグループには、同じような問題状況にあったり、共通の悩みを有しているなど共通点の多い人同士が集められるために、実社会の集団よりも相互理解・相互援助関係を築きやすい集団となる。なお、グループワークでは、グループを構成する個々のクライエントを「グループメンバー」（以下「メンバー」と表記）と呼んでいる。
　このグループ内では、他のメンバーをリードしていける能力のある人を「グループリーダー」として選出するのが原則である。ただし、ケースによっては、グループリーダーをあえて選ばないこともあったり、「コ・リーダー」と呼ばれる人を別に選んだりもする。このコ・リーダーは、グループリーダーのサポート役を担ったり、ときにはグループリーダーの独走を回避

するためのストッパー役を担うこともある。また、これ以外にも記録役等の役割もあり、メンバーの希望や適性に応じて役割を担っていくことになる。グループ内で何らかの役割を担うこと自体が、グループワークの援助効果につながっていくのである。なお、これらの役割については、グループワーカーが事前に決める場合もあれば、グループワークが展開していくなかで自然と決まっていく場合もある。

(4) プログラム活動

第四の構成要素は、「プログラム活動」である（表5－1）。

表5－1　プログラム活動の類型

レクリエーション型	野外活動	ハイキング、登山、キャンプ、オリエンテーリング等
	スポーツ	グループ単位でできる球技や簡単なゲーム形式のもの
	音楽・舞踊活動	合唱や合奏、音楽鑑賞、各種ダンス等
	演劇活動	演劇や寸劇、人形劇、紙芝居、エプロンシアター等
	年中行事	花見、クリスマスパーティー、誕生会、遠足、宿泊旅行等
	趣味活動	園芸、工芸、手芸、俳句、絵画、映画鑑賞、簡単な創作活動等
ディスカッション型	自由討議	司会進行役を決めて自由に意見を出し合うディスカッション
	対立討議	グループ内で賛否両論のある問題を題材に、さまざまな側面からの自己の意見を主張するディスカッション
	バズ・セッション	形式や言葉遣いにかかわらない、短時間の意見交流会
	パネル・ディスカッション	代表者が座談会形式で討議した後、グループ全体で意見交換する形に発展させていく学習的討議会
	シンポジウム	代表者がそれぞれの立場で問題提起をし、それを受ける形で意見を出し合ったり、個人の見解を整理していく学習的討議会
	レクチャー・フォーラム	専門家による講義形式の話を聴き、質疑応答をしたり、簡単な討議につなげていく学習的交流会

プログラム活動には、「レクリエーション型」と「ディスカッション型」がある。グループワークでは、このプログラム活動を通して、援助が展開されていくため、その援助目標に適合したプログラム内容を選択することが、援助効果をあげる上でも重要となってくる。

「レクリエーション型」では、グループ内での役割分担が明確にできるものやメンバー同士が共有できる到達目標を設定しやすいものが多く、児童や障害（児）者、高齢者本人が参加する活動に適している。一方、「ディスカッション型」は、意見交換や学習的討議会が多く、メンバー間の相互アドバイス機能を最大限に引き出すことに主眼が置かれ、主に、「保護者」や「介護者」といった家族を集めたものや、アルコール依存症患者等のメンタルな問題を抱えた者を集めるといった傾向が強い。

また、たとえば、「障害児とその家族の会」の宿泊旅行といったグループワークでは、午前中は、障害児とその家族による登山、午後からは家族を中心とした自由討議といったように、レクリエーション型、ディスカッション型の両方のプログラム活動を複合的に利用するケースもある。

2　グループワークの原則

グループワークの原則に関しては、同じ直接援助技術ということからケースワークの原則（バイスティックの7原則など）と共通のものも含まれるが、その一方で「集団」を前提にした固有の原則もある。

①　個別化の原則

グループワークにおける個別化は、メンバーの個別化とグループの個別化という2つの側面を合わせもっている。つまり、メンバー一人ひとりの個性を尊重して、その個人の事情に即した援助をするという個別援助的側面と、グループに対してもそれを1つの援助対象とみなし、その個性を尊重して対応していくことが必要となる。

②　受容・共感の原則

メンバーの言動や感情、グループのさまざまな反応に対しても、ありのまま受け入れること。また、同情ではなく、あくまでも共感的な態度でメンバーやグループに接していくことが、「信頼関係（ラポール）」を築く礎となっていく。

③　参加の原則

ワーカーはさまざまな障壁をできる限り除去した上で、メンバーの能力に応じた環境を整える。そのことにより、メンバーの主体的参加は促進され、集団内の協力関係や相互作用が活発化していく。

④　体験の原則

グループワークにおけるグループは、一種の擬似社会、ミニ社会である。その許容的な雰囲気の擬似社会において培った経験は、実社会に戻った際の行動の原動力となっていく。

⑤　葛藤解決の原則

ワーカーは、グループ内の対立や緊張、不安の表出を問題発露の契機としてとらえ、グループ内で自己解決を促すように側面的に援助する。葛藤という困難を乗り越えれば、グループはより成長・発達していく。

⑥　プログラム計画の原則

ワーカーは、メンバーの動機づけが明確になり、かつ効果の期待できるプログラムを綿密に計画し、目標設定や評価を継続的に実施する。特に、グループのパワーに流されて、場当たり的なものにしてはいけない。

⑦　制限の原則

メンバーの行動に限界線を設定することで、グループ内に一種の規範を確立する。たとえば、相手の迷惑になる言動や持ち物の制限、グループワークの時間（回数）や場所の明示を行う。

⑧　自己活用と自己覚知の原則

ワーカーは、自分自身を援助のための「道具」として活用する。たとえば、個人的な体験談を話すなど「自己開示」することで、メンバーの行動の「モデル」となったり、または、意識的に反対意見を述べてメンバーの発言を活発化させるなどの「スケープゴート（身代わり）」役を担ったりする。その際、自分の行動が感情に流されないよう冷静に対応する必要がある。

3 グループワークの過程

　グループワークの過程は、プログラム活動の内容や援助の目的・目標により、その期間や開催回数は千差万別となるが、援助の展開過程に限定すれば、おおむね以下の4段階を「周期」として展開されていく傾向にある。

1．準備期
　ワーカーが具体的な援助計画を立て、その援助ができる環境を整えていく段階である。

(1) グループ計画
　グループワーク展開のおおむねの青写真を描いた上で、そのグループワークの目的・目標、メンバーの選定作業に入っていく。また、具体的な援助方針やプログラム活動の内容はもちろんのこと、開催日時、所要時間、回数、場所、アクセス、経費等の場面構成についても細部まで検討しておく必要がある。

(2) 波長合わせ
　ワーカーは、メンバーと「予備的接触」を図り、各メンバーの個別的状況（生活環境、生活歴、パーソナリティ、感情・心情、ニーズ等）を理解し、グループワーク展開上で起きてくる出来事をあらかじめ予測しておく。メンバー全員へのアセスメントという意味があり、「チューニング」とも呼ばれる。

(3) 問題・課題の明確化
　メンバー個々の問題・課題を理解した上で、メンバー全員の最大公約数的な問題・課題を確認する。そして、グループ自体が取り組むべき「予備的な目標」を事前に設定しておく。ただし、この時点での目標はあくまで仮設定で、正式な目標設定は開始期以降に実施する。
　なお、「波長合わせ」や「問題・課題の明確化」については、メンバーに対して個別的な対応をすることになり、ケースワークのインテークやアセスメントの内容と共通要素が多い。このように、グループワークにおいてはこの準備期以降も必要に応じてケースワークの技法を用いていくこともある。

2．開始期

　メンバー同士が初めて出会い、グループとしての活動を開始する時期である。ワーカーと個々のメンバーは準備期において予備的接触を経て、顔見知りになっていることが多いため、ワーカーが率先してメンバー同士の接触を促す働きかけをして、相互作用を活発にしていく。

(1) 援助の環境設定

　グループワーク開始当初、メンバーは「今から何をするのか」「他のメンバーやワーカーは、どんな人たちだろうか」「自分はどのような役割を担うのか」などの不安や緊張でいっぱいである。そこで、自己紹介の時間を設定して、相互理解を図ることによってグループの雰囲気を転換させていく。ゲーム形式で自己紹介することもあれば、口下手なメンバーからも他のメンバーに共感を得られるような内容を引き出せるように、ワーカーとの質疑応答形式になることもある。この導入段階における援助の環境設定で失敗してしまうと、メンバーのモチベーション（動機づけ、参加意欲）があがらないまま進んでしまうことにもなり、援助効果は低下してしまう。

(2) 契　約

　ワーカーとメンバーは、グループワークにおいて援助関係を結ぶに際して、さまざまな約束事を確認する。グループワークの目的、プログラムの内容、日時・回数等の進行上の事柄や、秘密保持ならびに責任ある行動（時間厳守など）をとるなどのメンバーとしての行動指針を明確にしておく。メンバー個人との契約をしっかりしておけば、グループ自体の位置づけや目的・責任が明確になっていくからである。

(3) プログラム計画

　ワーカーが青写真を描いていたものをメンバーに提示して、メンバーの自己決定に基づいて修正・実行していく。そして、今度はメンバーが計画の青写真を描けるように側面的に援助していく。

3．作業期

　グループ活動が展開していく段階で、グループ内において「課題設定」がなされたり、問題解決に向けてともに作業するという雰囲気が生まれてくる。

グループ内で規範や倫理、価値基準等が明確になり、グループが個性化してくる。「グループ・アイデンティティ」が確立されてくるわけである。

また、グループリーダーが登場する等、各メンバーの「役割分担」も明確になってくる。メンバーは、役割をもつことで責任感が強まり、自己洞察・自己評価するようになる。特に、よく似たメンバーと自分を比較することで、自己の存在を再認識し、自己の抱える問題の原因や潜在能力に気づいていくことになる。

一方、相互理解が高まっていくにつれて、率直な意見交流が生まれるが、その結果、特定のメンバーに否定的感情を抱いたり、葛藤関係に陥ったりすることもある。また、メンバーが批判的になって、ワーカーに対しても突き上げてくる場合があるが、これらは「コンフロンテーション」という援助対象者に対する独特の自己表現であって、逆に問題解決の糸口や原動力になることもあるので、ワーカーはその経緯を十分に把握して対応していくことが求められる。適切な対応をすれば、グループ内での凝集性（まとまり）は高まり、援助効果も増していくことになる。

この作業期では、グループワーカーはグループの凝集性を高めることを念頭に置いているが、あくまでグループの主体的な展開を重視し、メンバーとは少し距離を保ちながら側面的に援助していくことになる。

4．終結期

グループワークの最終段階である。終結に際しては、事前の契約内容で盛り込まれていた日程・期間・実施回数の「目標」が達成されたときに終結する。特に、なかなか援助効果が認められない場合や、非常に効果がありこのまま継続したいとの思いが強い場合でも、安易に期間を延長したりせず、原則として終結する。これは、集団の規則を守るという姿勢を重視するためで、グループワークではこの「制限」が１つの生命線になっている。ただし、目標の達成状況等を鑑み、どうしても必要な場合は、グループメンバーとの間で再度契約をして、延長を検討することもある。さらに、もう１度、新たに援助過程を設定して、再度グループワークの周期を展開させていくこともある。つまり、１周期だけで終結せず、微調整しながら、何度も準備期→開始期→作業期→終結期の一連の展開を繰り返していくことも多い。

終結期で重要なのは、「評価」である。特に、目標の達成状況に焦点を置くわけだが、グループワーカーが活動を振り返って評価する場合とメンバーが自己を評価する場合がある。その際、目標の達成状況を示す「タスク・ゴー

ル」を評価することも大切だが、それ以上にどのようにグループワークに参加し、どのように努力したのかという「プロセス・ゴール」や、メンバー同士、またはグループワーカーとの関係性の構築を示す「リレーション・シップゴール」をより重要視する。つまり、グループワークでは、仮に目標が達成できなくても、問題に取り組んだという経験や他の人間と関係が築けたという経験を積むこと自体を援助効果としてとらえる。グループワークの過程では、効果が確認できなくとも、そのようなさまざまな「経験の蓄積」は、実社会に戻った際の原動力になるからである。

グループワークはあくまで、ミニ社会における擬似体験であって、グループワークの後、実社会で行動等が変容し、問題を解決していける能力が備わってこそ、本当の意味でのグループワークの効果といえる。

その意味では、終結期は、グループワーク展開の1つの周期の終了を示すと同時に、メンバーにとっては、実社会に戻っていく開始期という意味もある。

4　グループワークの技法

ケースワーク、グループワーク等の直接援助技術では、ワーカーの専門的能力（コンピテンス）とクライエントの対処能力・問題解決力（ワーカビリティ）のコンビネーションが、援助効果を左右する鍵となる。特に、グループワークの場合、メンバー個々のワーカビリティだけでなく、グループのワーカビリティを最大限に引き出すことが、最も重要な課題となってくる。そのため、グループワーカーには、そのような技法を使いこなせるコンピテンスが求められてくるのである。そこで、以下にグループワーカーがその援助過程に際して使用する主な技法を列記した（なお、対人援助法については第3章を参照のこと）。

1．セッティング

セッティングとは、援助の展開をするに際しての、環境の設定のことである。「レクリエーション型」の場合、野外で実施することもあるため、天候等の自然現象に影響を受けやすい。そのため、雨天時の対応等、さまざまな状況を想定しておくことが必要である。また、野外の場合、たまたま居合わせ

た人々からの冷たい視線や辛辣な言動により、メンバーの心理的動揺を招くこともある。その際、メンバーをどのように保護していくかという環境の調整も必要となってくる。野外の場合、このような不安定要素が多いが、逆に一般社会に近い形ともいえる。グループワークの場合、許容的な雰囲気のグループにいるために、「ぬるま湯」的な活動になる可能性を合わせもっており、一般社会に戻りたくないという意識が働くこともある。そのような場合には、逆にこのような外部環境の「冷たい風」を利用することもある。

「ディスカッション型」の場合、テーブルをはさんで、ワーカーやメンバーが座る位置が重要な意味をもってくる。ケースワークにおいては「対面法」（向かい合って座る）は、説得などに利用する傾向にあるが、グループワークでは最もキャッチボールのできる状況としてそれらを活用する。たとえば、グループワーカーとグループリーダーが対面法で座した場合、非常に活発な意見の応酬が可能となる。また、作為的に対決姿勢を明確にする場合もこの対面法を利用する。相手の顔を直視して、活発なディスカッションを期待する場合には、横二列に机を並べることもある。

また、ディスカッション等で話すのが苦手なメンバーや、他の者から集中攻撃を受ける危険性のあるメンバーに関しては、隣に座る等の配慮をする。グループワーカーが隣に座るということは、そのメンバーの「支持」「代弁」「保護」をするということを他のメンバーに示す意味をもっている。

2．記録

グループワークは、集団活動の展開を主体とした援助方法という性格上、その活動内容を記録していくこと自体が援助の一環としてとらえられる。特に、さまざまなメンバーの言動を客観的に評価する経過観察資料・テーマ別資料の作成という点においても、非常に重要な技法といえる。

記録の方法としては、文字や図式を使用して紙面に表現していくのが一般的だが、活動内容により、ビデオでの録画、テープレコーダーでの録音という方法もとられる。この記録をしていることが、メンバーへの無言の圧力となることもあり、細心の配慮を要するが、逆に、記録をしていることで、グループ内に規範が確立したり、メンバーが言動に責任をもつようになるという派生効果もある。

3．評価

　グループワークの評価には、記録やメンバーへのアンケート（不満等を吐露させるためのもの）をもとにした通常の評価の他に、毎回のグループワーク後にグループワーカー同士で活動内容を振り返る「レビュー」や、集団の行動形態における変化の観察方法・統計的分析方法である「効果測定法」による評価がある。グループワークは、短期単発型よりも長期継続型で実施されることの方が多いために、各回の評価は、効果測定だけでなく、目標の再設定という意味ももってくる。つまり、評価を継続するという方法によって、「点」的な援助から、より体系的な「線」的援助に発展させるのである。

　この他にも、グループワークは、ケースワークやカウンセリングといった他の個別的な援助技術の技法を用いていく。なぜなら、グループワーカーは、グループ自体へのアプローチをすることもさることながら、メンバー一人ひとりに対してもその個別的な状況を理解した上で、個々にアプローチしていく必要があるからである。そういう意味では、グループワーカーは、複数のケースワーク関係を基盤にしてグループワークを展開させているともいえるのである。

＜参考文献＞
保田井進・硯川眞旬・黒木保博編『福祉グループワークの理論と実際』ミネルヴァ書房　1999年
武井麻子・春見靜子・深澤里子『ケースワーク・グループワーク』光生館　1994年
小田兼三編『社会福祉援助技術』メヂカルフレンド社　1997年
福祉士養成講座編集委員会編『社会福祉援助技術論Ⅰ』中央法規出版　2003年

第**6**章

・・・グループワーク演習・・・

1　地域子育て支援センターでの援助事例

「育児サークルでの援助」

● 当事者およびグループメンバーの紹介

・**本事例の当事者**
S介：2歳（男児）
M子：28歳（母親）
・**グループメンバー**
子育て学習グループ「わいわい」の25組の親子
・**グループワーカー**
「わいわい」スタッフ3名（保育士）

　A市は大都市圏にある衛星都市である。人口は約40万人。A市内にある地域子育て支援センターの一つである「子育て太陽センター」は、公立の保育所に併設され、親子が自由に遊べる「遊び場事業」や、育児相談、子育てイベントの開催などを行っている。また同時に、子育て学習グループ「わいわい」を実施している。「わいわい」は「グループ活動を通じて親子の交流を図るとともに、子育て中の保護者が社会の中で孤立せず、支えあい、学びあうことを目的とする」と開催の主旨が示されている。

　「わいわい」は、基本的に4～9月までの半年間、毎週水曜日の午前中にセンターで開催される。対象は0～2歳の子どもとその保護者であり、今年度に関しては25組の参加がある。

　内容は、6月までの前半部分は「仲間づくり」と「子どもたちと遊ぼう！」という主旨のプログラムで構成されている。後半部分は、保護者の自主的な運営や活動を主体として、そのサポートをスタッフが行うという形をとっている。9月の最終週に「ありがとう会」というプログラムで終了とする。

　本事例はその「わいわい」に今年度初めて参加した1組の親子と、その「わいわい」スタッフと子どもや保護者のかかわりを中心に行われたものである。

● 事例の概要

　S介親子は1歳児ころからセンターの「遊び場ひろば」に、時々遊びに来ていた。来るときは必ず、他の2組の親子（男児親子・女児親子）の3組で一緒に来ていた。3組は子どもたちも同じ年齢であり、同じマンションのグループである。

　「遊び場ひろば」は基本的に自由に親子が過ごす所であるが、この3組は子どもと遊ぶことをあまりせずに、3人で話し込んだりすることがよくみられた。そのときには、子どもから目が離れてしまい、子どもたちが自分たちで好きなように遊んでいた。子どもたちと一緒に遊んだり、目を離さないように、スタッフが促したりするが、そのときだけの対応に終わってしまい、あまり効果がなかった。一度は目を離した隙に子どもがロッカーの上に登り、そこから落ちて後頭部から少し出血をしたこともあった。

　S介は活動的であるが、あまり表情を表に出さない。また、自分の思いが通らなかったり、ほしいおもちゃを人がもっていたりすると無理やり奪いとったり、相手を突き飛ばしておもちゃをとったりすることがあった。母親はそのような姿に対して特別に意識はしてはいない。

　そのような3人がそろって「わいわい」に申し込みをする。申込用紙には、S介の母親だけが「3人そろっていないと参加はしません」と記入していた。抽選の結果3人とも参加することができた。

● 事例の経過と援助過程

◆初回の様子

　4月の初回は初めて会う人が多く、全体的に少し緊張したムードのスタートであった。しかし、3人組で参加しているS介親子たちは、大変にぎやかであった。3人の母親で話をして、子どもたちはまわりを走り回ったりして、会の進行の妨げになる場面もみられた。特にS介は数人の子どもたちのおもちゃをとったり、突き飛ばしたりして泣かしたりしていた。母親のM子はその姿をなんとなくみているだけで、スタッフがその場の対応をしたり、泣いた子どもの母親に対応したりしていた。

　帰り際に3人組の母親に感想を聞いてみると、M子は「うちの子どもはのびのびとしている。楽しそうです」とほとんど子どもを理解していない様子であった。

●対応

　この日のスタッフミーティングで、S介親子のことが話題になる。「子ど

もに対しての正しい認識ができていない」「母親自体がしゃべりたいという思いが強すぎて、子どもをみていられない」「S介君の人とのかかわり方が気になる。まわりの保護者も大変驚いたり、不快そうであった」など、今後の対応の難しさを感じさせた。

スタッフとしては、S介親子への対応として次の3点の方針を確認した。

① S介と積極的にかかわり、母親とのかかわりの足がかりをつかむ。
② 3人組をできるだけばらばらにしていき、他の保護者や子どもたちとの交流をもてるようにする。
③ 母親自身の育ちができるように、M子のサポートを行う。

◆子どもの日の取り組み

プログラム活動として、子どもの日を前にこいのぼりの製作を行う。製作のグループ決めをするときに、いろいろな人との交流を図ってもらうために、親子対抗でじゃんけんをして、その勝ち負けで無作為に5つのグループをつくった。3人組はバラバラになり、S介親子も初めての人たちとグループになった。M子にとって初めての人との交流は、大変ストレスが高いようであった。表情も暗く消極的で、いつもの勢いよく話す姿は全くみられない。しかしS介に対しては、大きい声を出したり叱ったりしていた。

他の2人は新しいグループのなかにおいても、積極的に意見をいい、また新しい人とすぐに友達になれたようで会話も弾んでいる。M子にとっては、グループ活動は少し辛い時間のようであった。

その後スタッフが紙芝居を読むプログラムになった。そのときS介の横に座ろうとした1歳児の女の子が、場所が少し狭かったこともあり、S介のひざの上に乗る形になってしまった。その瞬間「やめて！」と言って、M子がその女の子をたたいて押しのけた。驚いた女の子は泣き出してしまった。

女の子の母親は少し離れたところにいて、その瞬間は目にしておらず泣いている姿をみつけて近づいてきた。まわりはあまりに突然の出来事であり、とっさに反応できずにいた。スタッフもあまりに意外な行動に動揺し、すぐに対応ができなかった。女児の母親が「ごめんね！ うちの子が何かしたの？」とM子に尋ねたが、特にM子は対応もせずに無言でいた。

●対応

帰り際に3人組の母親に今日の感想を聞いてみると、他の2人は「新しい人と仲良くなれて楽しかった」と答えてくれたが、M子は無言で特に感想などもない様子であった。

スタッフミーティングでは、今日の出来事に対しての対応策の話題が出た。

M子は基本的にコミュニケーションの能力が低く、特定の状況や特定の人とのかかわりしかできず、それ以上を現在求めていくことはむずかしい。また子どもとのかかわりについても、まだまだ未熟な部分があり、どのようにしたらよいのかという問題意識もほとんどない。スタッフがより積極的なかかわりを、S介にも母親のM子にもしていき、一つひとつ人とのかかわりについて、実際に手本となりみせていくことが必要である。まわりの親子とのかかわり方などに、少し目が向くような配慮や関心を向けていくことの必要性を感じ、実践していくこととした。

◆水遊び

S介親子は、3人組で休まずに参加はするが、3組だけでいることはほとんどなくなってきている。S介親子以外は他にも仲のよい親子ができて、代わる代わるいろいろな人とかかわったり、子どもたちも一緒に遊んだりしている。

しかし、S介親子は全体のなかではみんなといるようにみえるが、よくみているとほとんど他の親子と話をしたりかかわったりしていることはない。S介も他児とかかわって遊んでいる姿はみられない。まわりの保護者もS介が乱暴な子であると感じているようであり、一緒に遊びに誘ったりすることもない。S介一人がぶらぶらとしている感じを受ける。

そのような場をとらえて、スタッフが積極的にかかわりをもつ。S介の好きな電車のおもちゃを用意し、一緒に楽しく遊びが広がる環境をM子とともにつくる。そのような環境のなかで、慣れてきたS介が生き生きと遊び始める。集中して遊ぶS介の姿に、M子は意外な思いをもったようである。「こんなに何かに取り組んでいる姿を初めてみました。子どもって一人でも遊べるものなんですね」

庭で水遊びをするプログラムを行う。Ｓ介は大変水遊びが好きであると聞いていたので、Ｍ子も誘い一緒に水遊びを行う。Ｓ介は大胆に水をかぶったりして遊ぶ。その姿に触発された何人かが、Ｓ介と一緒に水を使いダイナミックに遊びを始める。スタッフもその遊びの援助を、うまく母親たちも巻き込みながら行う。自然と子どもたちとＳ介も混ざり合い、一緒に楽しそうに遊ぶ姿がみられた。Ｍ子にまわりの母親が「Ｓ介君が怖がらないから、うちの子どももあんなに遊んでいる」「Ｓ介君はああやって体をいっぱい動かすほうが向いてるね」などと声をかけてもらい、Ｍ子もうれしそうである。また、ついにはＭ子もびしょびしょになりながら、他の子どもとともに一緒に遊ぶ姿がみられた。

●対応

　その後スタッフとＭ子を含めた数人の母親たちとで話をする。スタッフが「子ども一人ひとり違うので、遊び方や興味もいろいろです」と言って、他の親子の遊びについて目を向けることも大切だと話した。また、少し家庭や子どもの性格などについて話をする。

　ある男児の母親は、わが子が少し乱暴であったり、活動が激しいなどの悩みをもっていたので、その場でＭ子とうまく話が合い、いろいろな方向へと話が広がっていった。スタッフもさりげなく会話に加わり「私だけが悩んでいたんじゃなかった。同じように悩んで考えている母親がいるのに安心しました」と、Ｍ子はうれしそうに話をしてくれた。

◆秋の遠足

　プログラムも後半に入り、いくつかのグループごとに企画と実際の運営を行うという、自主運営の活動に移行していった。Ｓ介親子は水遊びのときに仲良くなった男児の親子たちでグループをつくる。名前も「かいじゅうクラブ」として、元気で活動的な男の子たちの姿勢を認めていく姿がみられた。

　「かいじゅうクラブ」は秋の遠足を企画している。近くの公園までの散歩なのであるが、そのプログラムを自分たちで行うことに対して大変意欲的であった。

　「わいわい」以外の日に、そのメンバーで集まり、わざわざ下見に行ったり、自分たちで手作りの「遠足のしおり」をつくったりしている。Ｍ子はそのような活動は初めてであったが、手先が器用であり、絵や工作がうまいので、スタッフや他の保護者からしおりの下絵や構図などを任された。「こんな大仕事大変です！」というものの大変やる気になっており、何枚も試案を用意してスタッフなどに意見を求めるようになった。

S介も活動的な男児のなかにおいては、うまく遊びがみつけられた。またスタッフもそのような子どもたちが、十分に遊べるような活動的な環境を毎回用意した。子どもがのびのびと遊ぶ姿を見て、母親も安心しているようである。また、そのなかで母親も一緒に遊ぶようになる。そして子ども同士のトラブルなどに直面したときも、スタッフや他児の母親と同じようなかかわりができるようになり、自分の子どもも他の子どもも一緒にかかわる姿勢というものが強く感じられるようになった。

　遠足当日は母親たちの努力の甲斐もあり、大変楽しいものになり、また他の母親からしおりや企画のすばらしさを認める発言が相次いで、「かいじゅうクラブ」のメンバーは大変喜んでいた。またその後の反省会でも「涙が出るほどうれしかった」とM子も述べており、M子自身が成功を実感し、また、それが子育ての自信にもつながったようであった。

◆その後の様子

　9月の「ありがとう会」で、このメンバーでの活動は一応終えることになる。「ありがとう会」では、M子は感想時に涙を流し「私はここに来るまで、子育てが楽しいとは思わなかった。けれど今は、本当に子どもを産んでよかったと思います。皆さんのおかげです」という感動的なスピーチをしてくれた。

　その後「かいじゅうクラブ」の母親たちは、元気な男の子たちを中心とした育児サークルの立ち上げを行った。その時は最初の3人組の男児2組だけがメンバーになった。M子はその中心的なメンバーの一人となり、現在もその活動を継続している。

● 考 察

　S介と母親のM子は、両者ともに、グループ、あるいは人とかかわる経験が少なかった。そのことをスタッフが感じ、積極的なコミュニケーションを心がけた姿勢がよい方向に親子を導いた。また、S介の姿が集団のなかで変化していくタイミングを逃さず、M子の意識の変化や気づきにうまく結びつけられている。集団と個人、保護者と子ども、他児とわが子などの、対比のなかでそれぞれのかかわりをスタッフがうまく行った。

　M子の意識を他の保護者の子育ての姿勢、あるいはスタッフのかかわり方などに、自然な形で向けている。集団のなかでの個人の気づきは、グループワーカー（保育士）がある程度意図し、その環境を整えることで、本事例のようにうまく伝達されていくものである。

● 演習課題

1．M子にとって、グループはどのような存在であったのでしょうか。前期・中期・後期に分けて考えてみましょう。
2．個人とグループのかかわり方の援助は、どのようなことに気をつけなければならないでしょうか。スタッフの言葉や態度に注目して、いくつかあげてみましょう。
3．「わいわい」のプログラム活動として、事例にあった活動以外にどのようなことが考えられるでしょうか。目的や意図を含めて、プログラムの内容を計画してみましょう。

2　児童養護施設での援助事例Ⅰ

「食事場面を活用した意図的援助」

● グループメンバーの紹介

A彦：（小6）グループのボスであり、上下関係を厳しくしたがる
M夫：（小6）温厚な性格で、このグループの潤滑油のような役割
K樹：（小5）知力が高く、グループのいたずら作戦参謀的役割
I祐：（小5）このグループで唯一A彦に対して批判的だが、それは消極的なものである
N大・E男（小5）：どちらも体制についていくという感じ
T郎・H正（小4）：2人ともA彦の顔色は絶えず見ている様子
W指導員：児童養護施設へ着任したばかりの指導員だが、現場経験は豊富

　W指導員がJ児童養護施設にやってきた初日の夕食時、カウンターから1人前の食事をもらい、小学校高学年（4～6年、8名）のテーブルにつこうとした。とたんに「えー、ここで食べるんか」「あっちで食べーな」「あっち行けや」と"あっち行けコール"の連発。「私は、今日からみんなの担当になったんだ。だから、ここで食べたいと思う。みんな了解してほしい」と言うと、しぶしぶみんなは了解する。
　気まずい雰囲気ではあるが、"あっち行けコール"の後は、いろいろな話題が出て、必ずしもW指導員をグループは拒否しているわけではないようである。

● 事例の概要

　このグループには、小学6年生のA彦を中心とした、力の上下関係が存在し、メンバーが素直に意見を表明することができない。グループメンバーの多くは、A彦の顔色を見ながら食事をしており、食事の楽しさが欠けている。そこで、W指導員はこのグループの目標を「楽しく食事をとる」ということにした。

● 事例の経過と援助過程

◆開始期

　グループ自体はすでに存在しているわけだから、W指導員がいかにグループに受け入れられるかが最初の課題である。

W指導員：私は、これから食事をするときは必ずこのテーブルでとりたいと思うのだがどうだろうか？

M夫：でも、ほかのお姉さんや先生はちびチャンのテーブルで食べてはるで。

K樹：それに、職員がどこで食べるか決まってるんやろ。

W指導員：ほかの職員の人も、了解してくれているし、それは大丈夫や。

M夫：僕はよいと思うけど、A彦ちゃんはどう思う？

A彦：俺も、いいと思うで。

全員：僕らもいいと思う。

W指導員：それじゃ、このテーブルで食べるからには、私もお給仕当番をしようと思うが、みんな、どうだろう。

N大：賛成。僕、日曜日にしてほしい。

W指導員：なぜ、日曜日がいいと思うんや？

N大：日曜日やったら、朝と昼と夜と3回あるしや。

W指導員：外泊する子もいるし、当番になっててもできないときがあるし、私がするとよいかもしれないね。

◆作業期

　W指導員のお給仕当番も日曜日と決まり、何とかこのグループのメンバーになれたようである。グループには役割意識が希薄であり、上から押しつけられた役割（たとえば、お給仕当番の配膳・後片づけ）をこなしているだけのように感じられる。それは、グループに対する愛着心・協調性の欠如へとつながっている。

　「楽しく食事をとる」という目標達成のためには、まずメンバーの役割意識を培うこと。そこから生まれるグループへの貢献を正しく評価することが大事であろう。また、W指導員自身はグループ外にいるのではなく、グループ内のメンバーとしてともに行動することをメンバーに理解させるよう努める。

W指導員：1つ提案だけど、みんなのお給仕当番のときは配膳と後片づけだけのようだけど、私のときはご飯のお代わりもお給仕の仕事としようと思うのだけど、どうだろうか？

T郎：うん、いいよ。
H正：母さんも、家で食べるときは、お代わり入れてくれはる。
K樹：A彦ちゃんは、どう？
A彦：みんながご飯のお代わりしたら、先生がご飯食べる時間がなくなるで。
M夫：6年生は自分でご飯を入れる。4・5年生は先生にお代わりもしてもらうということにしたらどうやろ。
A彦：6年生も配膳と片づけとお代わりもすることにしよう。
K樹：そしたら、先生と6年生のお給仕のときは、後片づけはみんなでやることにしたらええやん。
I祐：僕も気が向いたらやりたい。そんなんあかんか。
M夫：5年生は、できるときだけでいいんとちゃうか。
W指導員：みんなの意見は、とてもよいと思う。ありがとう。このテーブルで食事をすることが、楽しみになってきた。

　ところが以下のような会話が、週1～2回交わされる。会話自体はどうということもないものなのだが、その場の雰囲気やみんなの視線など、何か気になる会話である。

N大：僕、（デザートを指差して）これ嫌いやねん。A彦ちゃん食べて。
A彦：いらん。おまえ自分で食べろ。
N大：そんなん言わんと食べてーな。
A彦：しゃーないな。そんなら食べたるわ。

　翌日から、食事前の子どもたちの様子を、より注意深く観察することにする。するとA彦の目の合図で、合図を送られた子どもは自分のおかずやデザートをあげるという約束があるようである。

W指導員：今日は、このテーブルでのルールを決めたいと思う。
M夫：どんなこと決めるんや。
W指導員：毎日のメニューは、調理場の栄養士さんがみんなの体のことを考えてカロリー計算をしてくれているんやで。でも、君たちはよくおかずやデザートをあげたりもらったりしているね。これでよいのか、みんなで考えてほしい。

Ｉ祐：先生は、どうしたらいいと思うんや。
Ｗ指導員：みんなの問題だから、できればみんなで考えてほしい。どうしても答えが出ないときは、私も一緒に考えることにしよう。
Ｍ夫：わかった。ご飯の後、僕の部屋に集合。そのとき、先生にもいてほしい。
Ｗ指導員：もちろん、そのつもりや。みんなもそれでいいやろか。
全員：はい。

　部屋では、Ａ彦とＭ夫が中心になり、下の子から順番に意見を聞くという調子ではじまったが、Ａ彦よりの提案で、どうしても食べられないときには、Ｗ指導員に聞くこと、それ以外のときは、自分の皿のものは、自分で食べることにすると決まった。
　Ｗ指導員は、何も口をはさまず、にこにことしていた。

◆終結期

　研修のため、２日ほど施設を不在にして帰ってきたときのこと。先輩の指導員から「今日、小学生のテーブルに１人前の食事が用意してあるので食べようとしたら、みんなに『それはＷ先生のやから、あかんで』と言われたよ。あの子たちもよい方向に変わったね」と言われるまでになった。

● 考　察

　メンバー間にはＡ彦を中心とした力の上下関係が存在している。Ａ彦を正しくリードすると同時に、メンバーがＡ彦の顔色をうかがうことなく意見を出せるようにグループをリードする役割がワーカーにはある。
　そこで、グループを食事場面だけでなく、野球、ソフトボールといったプログラム活動を利用し、さらにグループを発展させていく必要がある。

● 演習課題

1．グループ内に力の上下関係がある場合とない場合で、ワーカーの役割はどう変わるか考えてみましょう。
2．この事例をグループワークの過程に当てはめて整理してみましょう。整理ができたら次の周期としてどのような計画が考えられますか。実際に計画を立ててみましょう。
3．演習課題２で立てた計画をもとに、数名で、Ｗ指導員・Ａ彦・Ｍ夫・Ｋ樹・Ｉ祐になり、ロールプレイングしてみましょう。

3 児童養護施設での援助事例 II

「協調性のないメンバーへの援助」

● グループメンバーの紹介

M子：（7歳、小学校1年生）父子家庭で父親はM子に対して過干渉であり、M子が何もしなくてもよいように世話をする。食事についても、外泊時に間食が多すぎるのではと施設側から再三注意されるが改善されない。肥満。ほぼ毎週外泊する。

A子：（7歳、小学校1年生）父子家庭で3人姉妹（小6・小3・本人）の末っ子。父は仕事の関係で定期的な外泊は不可能。3か月に1回程度外泊する。

U子：（7歳、小学校1年生）母子家庭で姉（小4）と二人姉妹。母は病気を理由に施設にあまり顔を出さない。盆と正月、年2回程度の外泊。

Y保育士：この部屋担当の保育士
S指導員：児童養護施設のベテラン指導員

● 事例の概要

少女3人の部屋でトラブルが絶えない。常に誰かがすねているという状態である。そのことで話し合いの場をつくると、ほかの子の責任にして、自分は正しいと全員主張する。協調性や連帯感がない。

● 事例の経過と援助過程

◆ある年の5月

帰宅時間がいつもより遅いため、Y保育士が小学校に電話。「学校は1時間ほど前に出た」とのこと。施設と学校で探しはじめようとしたとき、3人が帰ってくる。

Y保育士：学校は1時間ほど前に出たそうだけど、どうして、こんな時間になったのか説明してちょうだい！

M子：M子は早く帰ろうと言ったんだけど、A子ちゃんが「少しだけ遊んで行こう」って、公園で遊びはじめたの。M子も、一緒に遊んでたの。

A子：U子ちゃんが帰りに「公園で遊んで帰ろうか」って言うし、それで遊ぼうかって言ったの。A子は一度帰ってから、遊びにこようと思ってたよ。

U子：U子だって、M子ちゃんがお昼時間に帰りに公園で遊んで帰りたいと言ってたし、A子ちゃんに言ったの。だから、U子は悪くないもん。

Y保育士：誰が悪いということじゃないでしょ。3人が3人とも遊びたかったんでしょ。帰りが遅いから、誘拐されたんじゃないかとか、誰かが途中でけがでもしてるんじゃないかとか、みんな心配するのよ。学校の先生たちも同じだよ。

　3人が自己主張を通し、最後はY保育士が断を下す形で話を終えている。Y保育士はグループを分解すべきなのか、あるいはグループを存続させるのならば、統一性と協調性をどうしたらよいか、S指導員に相談した。

　3人のもっている個性が、グループのなかでうまく活かされておらず、また、Y保育士自身がどのような方向にグループをリードしていけばよいかわからなくなっていたのである。そこで、3人の特性の分析を行う。

M子の分析

　・マイペース

　・行動が遅れる（皆のペースに合わせようとしていない）

　・頭がよい

　・話を理解する力は3人のなかで一番

　・肥満であることで、ほかの2人からの攻撃の的になりやすい

　・自分勝手な行動

　・ずるい

A子の分析

　・天真爛漫

　・わがまま

　・ムードメーカー

　・悪意がないので皆の気持ちを和ませてくれる

　・あどけない

　・ごねると誰の言うことも聞かない

U子の分析

　・おせっかい

　・何にでも口をはさむ・優しい・よく気がつく・甘えん坊

　・実習生などを独占したがる

　・でしゃばり

3人の行動特性および期待されるイメージを表にまとめてみると、次のようになる。

		行動特性	期待されるイメージ
M子	長所	・頭がよい ・理解力が高い	・理解力で、グループがどう行動すべきかを判断する
	短所	・ずるい ・自分勝手な行動	
A子	長所	・天真爛漫 ・ムードメーカー	・グループの雰囲気を和ませるムードメーカー役
	短所	・わがまま ・自制心がない	
U子	長所	・優しい ・よく気がつく	・やさしく、よく気がつくグループの世話役
	短所	・おせっかい ・でしゃばり	

以上のように、それぞれの長所・短所のなかから、長所を引き出すような方向にメンバーをリードすることによって、このグループが活きてくることになる。また、当分の間は、グループリーダーはY保育士自身が行うことにする。

◆**6月のある日の夕食後**

Y保育士：今日は、私たちのお部屋からけんかやもめ事をなくすためにどうしたらよいのか、皆で話し合いたいと思うのだけど、いいかな。

A子：M子ちゃんは、いつも勝手なことばかりするからよくないと思う。U子ちゃんは優しいけど、いやなことも言うのがいや。

U子：A子ちゃんだって、わがままばっかり言って、お姉さん（以下「Y保育士」のことをさす）困らせてるやん。

M子：M子ちゃん、みんなが嫌いやもん。みんなと一緒に何かするのいややねん。

Y保育士：悪いところばかり言ってても、みんなが仲良くやっていけないと

思うの。それぞれのよいところを言いっこしてみようか。A子ちゃんに
　　　ついてどう。
M子：A子ちゃんはおもしろいよ。かくれんぼするとき、A子ちゃんがいて
　　　ほしい。
U子：A子ちゃんと一緒にいると楽しいから好き。
Y保育士：お姉さんも、A子ちゃんがいると、何か楽しい気分になれるなあ。
　　　（A子はにこにこしながら聞いている）
Y保育士：次はU子ちゃんはどうやろ。みんなどう思う。
A子：U子ちゃん優しいよ。前に、A子が学校の帰り道で転んで泣いていた
　　　ら、優しくしてくれたもん。
M子：M子ちゃんも、学校行くとき、みんなから遅れそうになったんや。そ
　　　のとき、U子ちゃんが一緒に、学校の用意を手伝ってくれた。だから、
　　　U子ちゃん優しいと思う。
Y保育士：Uちゃんは、お姉さんが困ったとき、いつも優しい声かけをして
　　　くれるんだよね。だから、お姉さんはU子ちゃん大好きだよ。
　　　（U子は少しはにかみながらもうれしそう）
Y保育士：じゃー、最後にM子ちゃんのよいところはどこかな。
M子：M子のこと、みんな嫌いやから、いい所なんてないと思う。
U子：U子はM子ちゃんのこと好きやで。だって、今日の宿題で、わからへ
　　　んかったところ、M子ちゃんが教えてくれたもん。
A子：A子も、絶対M子ちゃん好きや。ここに初めてきたとき、いろんなこ
　　　と教えてくれたから、A子はM子ちゃん好き。
M子：本当。本当にM子のこと好き？
Y保育士：そうだよ。M子ちゃんのこと、みんな好きなんだよ。誰だって嫌
　　　いな所と好きな所があるんじゃないかな。だから、誰でも自分の嫌いな
　　　所（短所）は、人に見せないよう努力しているんだよ。お姉さん、今日
　　　のみんなは特に大好きやな。だって、みんなが１つになっているような
　　　気がするもん。
全員：うん
　　（笑顔でうなずく）
　今でも、多少のトラブルはあるものの、仲悪３人組は、仲良し３人組へと
変身してくれたようである。

● 考 察

　グループワーク開始期、グループワーカー自体がグループリーダー役を担ったが、いずれ子どもたちのなかからリーダーが生まれるようメンバーの役割設定をしなければならない。

　しかし、児童養護施設では、入所・家庭引き取りなどでメンバーが不安定になりやすい傾向があり、グループへの信頼感・凝集性を維持するためワーカーは絶えずメンバーとのコミュニケーションを大事にする必要がある。

● 演習課題

1. メンバーの中からグループリーダーをつくり出すためのプログラム活動を考えてみましょう。
2. M子が3か月後、家庭引き取りとなる。そのときのワーカーの役割はどうあるべきか考えてみましょう。
3. 何人かでグループをつくって、事例のような性格や期待されるイメージなどの分析をしてみましょう。

4　児童館での援助事例

「学童保育で最上級生になった児童たちへの支援」

● グループメンバーの紹介

1　A児童館学童保育メンバーの紹介

　A児童館では、校区内小学校の学童保育＊（放課後児童健全育成事業）を実施している。現在世帯数38世帯で42名の児童が利用し、指導員は2名である。子どもたちは児童館に「ただいまー」と学年順に帰ってくる。
　利用児童の学年・性別の人数は以下の通りである。

＊学童保育
　1997年に児童福祉法で「放課後児童健全育成事業」（第6条の2）として法定化される前に、すでに取り組んでいたところでよく使われた総称で、地域によって「学童クラブ」「児童クラブ」「放課後児童クラブ」など、呼び方はさまざまである。

A児童館の学童保育通所人数

学　　年	男　子	女　子	合　計
4年生	6名	7名	13名
3年生	3名	4名	7名
2年生	7名	6名	13名
1年生	4名	5名	9名

2　事例に関連する4年生メンバーの紹介

Y雄：2年生時に転校してきて学童保育に入所。マイペースだが気分にむらがあり、思い通りにならないとカッとなり自分の感情にまかせて、大声で怒鳴り、物を投げることもある。指導員が個別に対応を要する。

N輔・J一：今まで上級生に押さえられていた男子たちのなかで、4年生になり俄然元気になった。基本的には優しい2人であり、愛想もいいため女子や下級生ともふだんから交流がある。

A子・Y美：お姉さん的で「はっきり・ぴしゃり」と自己主張をする。同学年男子に対しては、やや指示的である。

A指導員：A児童館の指導員

● 事例の概要：A児童館学童保育について

　学童保育は、学校の空き教室や地域の児童館などで実施されている。全国学童保育連絡協議会の調査報告（2003年）では、全国1万3,797か所の開設場

所のうち、約44.5%が学校施設で、約17.7%が児童館である。

A児童館の子どもたちは、毎日学童保育に通ってくるわけではない。スイミング、体操教室、ピアノ、学習塾などの習い事や、地域の子ども会、スポーツ少年団の各種団体行事に放課後参加している子どもたちもいて、学年が上がるにつれ、学校から学童への帰宅時間も遅くなる。子どもたち各自のスケジュールで習い事や団体行事に複数参加し、全員がそろう日は週1〜2日という現状である。

● 事例の経過と援助過程

◆3月「春休み時期」

年度末、4年生たちが3月中旬に卒所した春休みの時期は、3年生たちが最上級生の4年生になるための準備期間といえる。この時期、1年生の入所歓迎式の役割分担を決めようとしても、最初から自発的に「私が司会」「僕が歓迎の言葉を言うよ」などと申し出る雰囲気が子どもたちにはなく、また、春休み中で各家庭の休みの都合もあり全員が出席しにくいため、全員で納得して決めるという形式にはならない。

●A指導員の対応

4月の学童保育入所式の日程も決まっているし、学童保育に出席していた子どもたちにA指導員が交互に呼びかけ、役割がやっと決まったという状況だった。学童保育担当の指導員として、新年度からのグループづくりを今後どのように展開したらよいのか考えさせられた。

◆4月「Y雄への対応」

4月当初。1年生を迎え最上級生の4年生が4分の1強となったが、いくつかのグループに分かれたまま行動している様子である。1年生を迎えて、子どもたちの反応もさまざまである。「○○ちゃん宿題したの」「おやつの時間だから、手を洗って準備してよ」など、お姉さん・お兄さん役を張り切ってやっている3・4年生がいる。その一方で、A指導員が1年生の世話に手をとられ、少しさびしさを感じ、ちょっとしたことでぐずる2年生もおり、今年度の学童保育の新たな異年齢集団の動きを実感した。

新年度のはじまり、Y雄が学童に帰り宿題をはじめたかと思うと、「わかんないよー」と大声を出したり、机をたたいたりする。また児童館内で「ぽーっ」としている姿も目立っていた。

●Ａ指導員の対応
　Ａ指導員はほかの児童が遊戯室や横の公園に遊びに出てＹ雄が学童室に１人でいるときに、さりげなく４年生になってからの様子を尋ねてみた。
　周囲に誰もいなかったので、Ｙ雄もすんなりと話してくれた。Ｙ雄の話では、４年生になり担任の先生が代わり、その先生は厳しくはっきりとものを言うので、イライラする、と話し出す。
　Ｙ雄は腹の立つことをひとしきり話し、Ａ指導員は「うん、そうなの」と相づちをして聴き、「Ｙ雄くんも４年生になるといろいろ大変だね……」としんみり答える。Ｙ雄も「俺もいつまでもぐずぐずしてても、仕方ないし……」とつぶやく。

◆５月中旬「４年生同士のこぜりあい」
　おやつの時間に、活発なＡ子とＹ美が「うわー、私たちのおやつ特別だ！」とＮ輔とＪ一たちの方を見て、自分たちの方に呼び込むような大げさなジェスチャーで話をしていた。Ｎ輔とＪ一は「なにー、見せて」とＡ子とＹ美に近づくと「いやや……見せない」とおもしろがって逃げ回る。Ｎ輔とＪ一はＡ子とＹ美がキャーキャー言っているのを聞いて、調子に乗って室内を走り出す。
　Ｎ輔とＪ一が勢いよく取り上げようとしたときに、Ｙ雄にぶつかってしまう。Ｙ雄は室内のドタバタにイライラしていたのか、「おい、痛いぞ！」というや否や２人をぶん殴る。
　お腹や頭をたたかれＮ輔とＪ一は「痛い！　なんですぐたたくんや！」と怒り出し、握りこぶしを振り上げ、２人がＹ雄に向かおうとする所で、Ａ指導員が止めに入った。２対１に別れ、お互いののしるなかで、ほかの児童も言いたい放題に勝手に騒ぎ出し、室内が騒然とした様子になる。

●Ａ指導員の対応
　Ａ指導員は、かなり強い調子で、その場を静めるように「Ｊ一、Ｎ輔、Ｙ雄、それにみんなも、もうストップ！　ストップ!!」というと、その迫力にシーンとなる。すかさずＡ指導員は優しく、だが落ち着いた調子で、子どもたちに語りかけていく。
　「はーい、みんな大きく息をすってー、はいてー、ふうー、もう一度大きく息をすってー、はいてー、ふうー。」
　２・３年生たちから、「何か、ラジオ体操みたい……」と声が上がり、「そうやなー」「ホント」と他の児童の声が続き、場の雰囲気がなごむ。

◆「A指導員への反発」
　室内が落ち着いてきたのをみはからって、J一、N輔、Y雄を呼んで様子を尋ねる。すかさずY雄は、A指導員の横に立ち「だってJ一、N輔くんたちが、騒ぎ出して急にぶつかってきたからだ！」と相手を攻める強い調子で言いきる。

N輔：「じゃ、すぐたたいたY雄はどうなるんや」
J一：「おれも痛かった！」
Y雄：「最初にぶつかってきたのは、おまえらやぞ」と相手が悪いと負けずにきつく言い張る。
A指導員：「どっちが悪いとかじゃなくて……ね。J一くんとN輔くん、それに……」と話しかけていたタイミングに、さっきのA子とY美の女子が「先生に怒られてるー」と横をすーっと通り過ぎる。
J一「うるさいなー、おまえら!!」身を乗り出して女子の方へ言い返している。

●A指導員の対応
A指導員：「もうJ一くん、そんなことほっときなさいよ」とたしなめる調子で言う。
J一：「おばはん、うっさいわ！　いっつも俺やN輔ばっか注意して、もういいわ」と怒り出し、荷物をとって帰り出す。N輔も一緒に帰り出す。
A指導員：「待ってよJ一くん、N輔くん」と呼びとめるが、2人とも「もういい、帰る」と帰宅した。
　A指導員は軽くためいきをつき、Y雄や女子のA子・Y美を交えてJ一・

● 学童保育（放課後児童健全育成事業）を理解するために

学童保育を知るには、「全国学童保育連絡協議会」のホームページ（http://www2s.biglobe.ne.jp/～Gakudou/）や「がくどうほいくのHome page」（http://www.jca.apc.org/gakudo/）が参考になります。なお、全国学童保育連絡協議会が発行している月刊誌『日本の学童ほいく』は、学童保育をテーマとする唯一の専門雑誌です。

N輔の気持ちを考えてみる。

その日の夕方、学童からの下校班で下級生たち、特に1年生たちがJ一とN輔がいないことを残念がった。彼らから様子をきくと、J一とN輔の下校班グループは、児童館から遠距離であり、そこで1年生たちを2人で手分けして自宅まで送っているとのことであった。土日もグループで遊んでくれることもある様子であった。

A指導員にとっても、このように下級生から慕われている、J一とN輔のよさを改めて見直す機会となった。

● 考　察

新たな年度がはじまり、4年生を中心とした異年齢の仲間集団づくりをどのように進めていくかが今後の課題である。4年生たちのよい面も大切にしながら、今後夏合宿に向けて、各人の具体的な役割を明らかにし自分の目標を考え、さらに異年齢グループでの取り組みを進めていく必要がある。

Y雄は個別的な対応を特に要する子どもであったが、Y雄とともに他の児童についても個々の状態に対応していくことが重要であり、子どもたち相互の動きを十分観察しておく。

また、活発で要領のいい女子たちは、男子を挑発し関与しつつも指導員と衝突しないよう、うまく動いている。つい表面的に騒いでいる子どもたちに目がいくが、その状況を起こしている集団内の相互作用に着目しておく。

● 演習課題

1．Y雄が学童保育のグループのなかで成長していくにはA指導員にどのような対応が求められるでしょうか。グループワークの技法を使ってかかわり方を考えてみましょう。

2．翌週、Y雄・J一・N輔・A子・Y美が来所したときに、グループで話し合いを進めていくとすれば、A指導員はどのような点に留意すればよいでしょうか。

3．考察で「各人の具体的な役割を明らかにし……」とありますが、事例に出てくるグループメンバーそれぞれに期待される役割には何が考えられるでしょうか。

5 障害児（児童）デイサービスにおける援助事例

「週一回通園してくる幼児グループ親の会での援助」

● グループメンバーの紹介

　本事例は、重症心身障害児施設に併設される「障害児（児童）デイサービス」に通う7組の2歳から5歳までの幼児とその親の会のメンバーである。子どもが抱えている障害は、自閉症や多動、知的障害などで、なかには重症心身障害をもつ幼児もいる。

　事例において中心となるのは、次のOさんとY雄君の親子、それに担当のF保育士である。

Oさん：27歳・主婦
Y雄君：2歳の男の子。自閉症で多動の傾向がある
Aさん：Oさんの母親。現在Oさん親子と同居
F保育士：3人いる保育士はそれぞれ2〜3組の親子を担当し、F保育士はOさん親子を担当している。親が親の会等に参加しているときは、子どもと保育士で過ごすことになる

● グループの活動内容

◆一日の流れ

 9：30　　受け入れ準備（道具搬入）
10：00　　登園→親子で遊ぶ（シール貼りなど）
10：30　　親子合同遊び（朝のあつまり）
11：00　　親の会（ミーティング）　※子どもは保育士と個別遊び
12：00　　終わりの会（12：15終了）

◆一年間の活動計画

　通園する親子の多くは、就学するまでの数年間通園を継続する。年度途中から通園しはじめる親子もいるが、デイサービスの活動は4月から3月までの一年間を区切りとして、年度ごとの計画が立案されている（表6-1）。

表6－1　一年間の活動計画

	月	主なグループ行事と目標		親の会の目標と活動	その他
第一期	4月	入園式	オリエンテーション 通所主旨確認 スタッフとの交流	親子がグループ員やスタッフ・場に慣れ、お互いを知る期間とする。 親子合同遊びのなかで起こったことをきっかけに、子どもの遊びや行動についての気づきを自由に語る。	母子分離できない子どもは無理に分離せず、母子で楽しめる工夫をする。
	5月	家族交流会 （兄弟、祖父母、保育士等関係者も参加する）	（祭日を一日利用） 家族の理解を得る。 スタッフも家族と仲良くなり、信頼関係をより強くする。		
	6月				
第二期	7月 8月	プール遊び	夏休みには兄弟姉妹も参加し、近くの町営プールで身体全体を使っての療育遊び。	子どもとの遊びのなかで支援する。必要に応じて個別面談を実施（親の会は休み）。	
第三期	9月	卒園した子どもの親との交流会（1回）	先輩の親の経験を聞く。進路を考えるきっかけをつくる。	子どもたちの変化、成長していく姿を報告しあい、発達や障害についての理解を深める。親や家族への思いを語り合い、受容共感できる場とする。	運動会・クリスマス会がきっかけになり、家族同士の交流、助け合いが始まることが多い。
	10月	施設の運動会に参加（家族も参加交流）	家族相互の交流を図るとともに、スタッフと家族の信頼関係を深める。		
第四期	11月			親の会、クリスマス会の出し物を親主体で計画し、練習・準備を行う。親自身の楽しみの機会をつくり、自己の発見のきっかけとなるよう配慮する。	
	12月	クリスマス会（OB家族も参加する恒例行事）	シスターに来ていただいて、キャンドルサービス等を実施。		
第五期	1月		季節の行事を楽しむ。	フリーミーティングを通して、個々の親の思いに耳を傾け、現実と向き合うことを助ける。次年度の進路決定を支援する。	
	2月	豆まき			
		ひなまつり			
	3月	修了式	一人ひとりの子どもに修了証書をわたす。	子どもの成長・発達を確認しあい、次年度に向けての勇気づけをする。	

● 事例の概要

Oさんは児童相談所の紹介状をもって、実家の母親（Aさん）に連れられてデイサービスの見学に訪れた。玄関に入るや否や、Aさんの手を振り切ってY雄君は廊下を走り抜けていき、Aさんが慌ててY雄君を追いかける。しかし母親のOさんは、呆然とそれをみているだけであった。

Oさん一家は、夫の勤める会社が倒産し、失業状態となったため、しばらくOさんの実家に身を寄せることになった。OさんはY雄君への愛情は十分に感じていたが、家庭の経済事情もあって、Y雄君のそばにいて一緒に遊んでいる場合ではない、自分も働かないといけないと考えていた。したがって、AさんにY雄君の障害と子育ての大切さについて説かれても、納得がいかない様子であった。今回デイサービスに来たのも、Aさんの孫への思いの強さに押し切られて、しぶしぶにというような感じであった。

● 事例の経過と援助過程

◆通園開始当初（6月の通園開始から10月まで）

Y雄君の障害は自閉症であり、行動力が旺盛で多動傾向が強い。Aさんは孫のために今が大事と積極的にY雄君と遊び、スタッフにも熱心に質問をしていた。しかし母親のOさんは、運転手として同行しているような印象であり、子どもたちから離れた所でその様子を観察している感じであった。そのため時々Aさんから、「Y雄の母親はあなたよ！！」と叱られていた。また親の会においても発言はなかったが、病気以外で休むことはなかった。

スタッフは、まずOさん親子が休まず熱心に通ってくることを認め、勇気づけを行った。

●保育士の対応
　Y雄担当のF保育士は、Y雄君が好きなことや遊びに発展しそうなことをみつけ、かかわりを工夫し、Oさんに対して親子のかかわりのモデルになるように努めていた。Y雄君がボールをみつけると「オッ、アッ」と声をあげ、走ってボールを取りに行っていたので、ボールをたくさん用意し、かごの中から桶の中に並べて転がすという遊びをY雄君とともに創り出していた。時々はOさんを遊びに誘って、三人で遊ぶよう促していた。

◆OさんとY雄二人での通園（11月から3月まで）
　農繁期（稲刈り等）の後、Aさんは疲れが出たため身体の具合が悪くなり、親族よりY雄と一緒に通園するのをやめるようにいわれた。Aさんは、「私はもう同行できない。Y雄の母親はあなたなのだから、あなたがしっかりしなさい」とOさんに宣言した。それをきっかけに、OさんとY雄君二人だけの通園が開始された。
　Oさんは、自分の思い通りにならないとY雄君を厳しく叱り、たたく場面もあったが、普段は楽しそうに遊んでいた。また、親の会での発言も多くなってきた。たとえば家庭ではボールだけでなく、新聞紙をまるめてバットをつくってあげたら気に入って、父親の手を引っ張って遊びの催促をしたことなどが報告された。
　クリスマス会の出し物の練習にも夢中に取り組み、Y雄君の大好きなアンパンマン体操を提案し、ぬいぐるみを借りるなど積極的であった。クリスマス会当日は、Y雄君もアンパンマン体操に参加させたいと申し出て、一緒に舞台に出ていった。

●保育士の対応
　Oさんの提案も取り入れながら、OさんとY雄君が一緒に遊べるよう工夫していった。朝のあつまりにY雄君が興味を示すようになったので、Y雄君用のイスにアンパンマンのシールを貼り、自分の場所をわかりやすく、行動予測できるような環境づくりをした。また、親子が向かい合って握手をする遊びを取り入れた。

◆地域への働きかけが始まる（1月から3月まで）
　年度の終わりは、親の会では小学校入学や幼稚園、保育園入園のための準備や、それに伴う不安が問題になる時期である。Oさんは保育園に併行通園している親のメンバーの体験談を参考にし、家の近くの保育園に相談に行ってきたと報告した。園児が昼寝中であれば、園庭で砂遊びやブランコ、すべ

り台の遊具を使っての遊びをしてよいとの許可がでたとのこと。また親子で遊びに行っていたら、Ｙ雄が楽しそうに遊ぶので、来年度短時間でも園に通園しないかと誘われたとのこと。

　時期尚早との不安を抱きながらも、Ｏさんはその雄君の保育園入園を決心した。併行通園も可能であるが、一本化した方が園に慣れやすいのではないかということ、少しでも早く就労できる条件を作り出したいとのＯさんの願いもあってのことだった。何か心配なことがあった場合は、いつでも相談できること、併行通園も可能なことを伝え、参加者とともに励ましあった。

●保育士の対応

　豆まきやひなまつりの行事を親子で楽しんだ。そのことがヒントになり、ＯさんもＹ雄君と家庭内で楽しむきっかけができたと喜んでいた。丸皿でつくったひなかざりにＡさんも目を細めていた。

◆再通園の開始（通園開始２年目）

　保育園に入園して１か月が過ぎたころ、他の園児とのトラブルが多く、保育園での時間を増やしていくことは難しいと保育園側が判断したこと、Ｏさん自身もＹ雄君の日々の様子から、Ｙ雄君にとって保育園での集団生活はストレスが大きすぎると感じたとのことで、デイサービスに再通園することになった。前に通園していたときは、多動ではあったが、自分より小さい子をいたわる気持ちもめばえ、やさしい表情をみせていたＹ雄君の顔が、今回の通園ではこわばっていた。Ｏさんは、小集団のなかでゆっくり社会性をはぐくんでいく必要性を痛感させられたという。この経験をグループメンバーで共有、共感し合うことを通して、グループメンバーの家族との交流が深まった。そしてＯさんはＹ雄君のことだけでなく、ほかの子どもたちにも介助の手をさしのべるようになっていった。

　Ｏさん自身の将来についても、「今しばらくは実家の援助を受けながら、長期的に考えていくほかはない。自分は人を相手にすることが好きな人間と思うので、介護福祉を学び介護福祉士の仕事をしたい。Ｙ雄が小学校に通うようになったら、そんな時間もつくれるかしら」など、先を見通して考えるようになった。

●保育士の対応

　Ｙ雄君の障害による親子のかかわりの難しさはあるが、Ｏさんは障害を理解しつつ母親らしいやさしさで接することができるように変化してきたが、偏食を認めてしまって、Ｙ雄君の弁当はいつも一品弁当であった。ほかの子どもの弁当のなかに、好きな食物をみつけてほしがることもあるＹ雄君の様

子をOさんに伝え、食事の大切さや、具体的な事例を通して偏食改善のための方策を話し合った。Oさんも偏食の多いY雄君の弁当づくりの苦心を語り、楽しんで弁当づくりを工夫するようになっていった。

● 考察

わが子が障害をもっているということに気づいたとき、障害をもっているという現実の重さ故に否認したくなるし、その重い現実から逃げ出したくもなる。現実としっかり向かい合い、受容していけるようになるためには、多くの時間と周囲の人々の支援が必要である。家族内の人間関係のみの支援には限界も生じる。Oさんの場合、Oさんの母親を通してデイサービスのグループメンバーやスタッフに出会うことができ、家族から同じ障害をもつ子どもの親へ、そして障害をもつ子どもの療育を専門とするスタッフへと支援の輪を広げることができた。支援の仲間やスタッフとともに障害について理解を深めて、わが子との対応の具体的方策を工夫し創造していくなかで、OさんはようやくわがTの障害と向き合い、その子とともに生きていく自分の人生と向かい合うことができるようになっていった。

しかし、子どもの成長とともに、子どもの生活は広がり変容していかなければならない。デイサービスのグループのなかではぐくんできたY雄君とOさんの力を、保育園や小学校、地域の人のなかでの生活にどのように浸透させていけばよいのか。地域にあるリソース（社会資源）を探し、連携し、地域での支援の輪を広げていくためには何が必要か、大きな課題が残されている。

● 演習課題

1. この事例から障害をもつ子どもの親のグループへの支援において、保育士（ここではグループワーカー）の役割とはどのようなことか考えてみましょう。
2. 障害をもつ子どもの支援のための施設や相談機関にはどのようなものがあり、どのようなグループワークが実践されているのか調べてみましょう。
3. 4つのライフステージをあげ、各々のライフステージごとに必要な支援について考えてみましょう。

第7章

コミュニティワークの基礎知識

1 地域社会と保育

1．保育所と地域

　保育は、地域と深い関係をもちながら進められていくものである。もともと保育所は地域の課題に対応する活動として出発した。保育所の先駆けとして知られる1900年設立の二葉幼稚園（後に二葉保育園に改称）は、貧しい人々が住む地域の問題の解決をめざすところから出発した。その後も、農村の生活問題を背景とした農繁期託児所や、保育を通して被差別部落への差別をなくす取り組みなど、保育所は地域の問題を解決する場として期待されていた。

　第二次世界大戦後（1945年以降）は、保育所の発展のなかで、子どもを預かって保育することに力点が置かれ、女性の就労保障や子どもの発達への援助に関心が向き、地域とのつながりへの関心が薄れた感もあるが、今日では再び保育所と地域のつながりが注目されている。

　「保育所保育指針について」においても「家庭、地域との連携」を掲げ、「保育所は、日常、地域の医療・保健関係機関、福祉関係機関などと十分な連携をとるように努める。また保育士は、保護者に対して、子どもを対象とした地域の保健活動に積極的に参加することを指導するとともに、地域の保健福祉に関する情報の把握に努める」とあるように、保育士が絶えず地域に関心をもって連携を保つよう求めている。保育の方法としても「一人一人の子どもの置かれている状態及び家庭、地域社会における生活の実態を把握する」と述べて、地域への理解を要請している。

2．保育と地域をつなげる視点

　ではなぜ、保育と地域との関係が改めて強調されているのだろうか。それは第一に、子どもの発達にとって、地域との関係が大きいことである。子どもが発達する上で、親との関係は大切であるし、保育所のような集団も不可欠である。同時に子どもは地域を通じて育っていく。それは、成長するなかでいつの間にか、地域的な特徴（習慣・考え方）を自分のなかにとりこんでいることからも明らかであろう。したがって、地域を抜きにして育児や保育を考えることはできない。

　第二に、子どもの抱える問題は、地域と無関係に起きているのではない。

地域社会の危機のなかで、子どもにしわ寄せがきていることで、保育所の子どもにもさまざまな問題が現れている。すなわち、発達の歪み、性格のかたより、しつけの不徹底などである。保育にあたって、すべてを子ども自身の生まれつきの性格や家庭環境を原因とするのは適切でない。しばしば、地域の状況の反映として、そうした問題が起きてくる。たとえば、地域の人間関係が希薄であれば、母親が孤立して追いつめられ、それが育児態度にも影響する。つまり、地域についての理解なしに、子どもの問題を理解することはできない。

　第三に、そうした子どもの問題が深刻化、複雑化するなかで、地域の視点を抜きにして解決することができなくなっている。「キレる」や「学級崩壊」等の言葉が氾濫しているように、子どもたちの問題がかつてなく複雑化し、深刻でとらえどころのないものになっている。しかも、それが低年齢化し、保育所も子どもたちの変化と無関係ではいられなくなってきた。なぜ、子どもたちがそのように変わってきたのか。さまざまな要因はあろうが、これを保育士と子どもとの対面的な援助だけで解決することは、もはや不可能な段階であろう。地域のなかでどう取り組むかを考える時期にきている。

　第四に、保育所が地域の社会資源の1つとして重要な位置づけがなされていることである。その地域の住みやすさは、よい保育所があるかどうかで変わってくる。よい保育所があれば、子育てについて、「いざとなれば保育所に助けを求めることができる」ということで、安心して暮らすことができるだろう。また、若い夫婦にとって、新たな住む場所を探すとき、よい保育所があるかどうかは大きな判断材料となる。一方で、保育所が少子化のなかで生き残っていくには、地域との密接な関係を築くことが前提となる。措置制度から選択・契約へと大きく変わっていくなかで、保育事業に企業などの参入が進められて、競争の時代になってきた。保育所の強みは地域を背景としていることである。勝ち残るには、地域とのつながりを活かすのが最も有力で確実な手段であろう。

　第五に、少子化ともあわせて、地域へのサービスが求められていることである。子育て支援センターや一時保育など、保育所が従来の保育事業の他に、地域に多様な保育サービスを提供するようになった。保育所には地域の子育てや児童福祉のセンター機能としての役割が期待されている。すでに児童館が子どもを対象とする地域の児童福祉施設として実績を積み、保育士も活動してきた。さらに保育所も地域の施設として機能しなければならなくなっている。

　このように、地域と保育所とのかかわりの必要性はますます高まりをみせ

ている。しかし実際の現場では、保育士は、日々の多忙な仕事をこなすことに関心を奪われがちである。今日の保育をどう設定するか、近づく行事の準備をどうするかなどの差し迫った仕事がすべてであり、地域のことにまで考えが及ばないというのが実情かもしれない。

しかし、地域のなかの保育所という視点を抜きにしては保育は成り立たない。

2　コミュニティワークの基礎知識

1．コミュニティワークとは

保育と地域との関係が深い以上、保育士にはコミュニティワーク（地域援助技術）についても一定の知識と技術が必要となってきている。コミュニティワークとは、地域住民が地域の福祉課題について、自ら認識し解決できるよう援助することである。かつては地域の組織化の側面に焦点をあてて、コミュニティ・オーガニゼーションと呼ばれていたが、今日ではコミュニティワークと呼ぶことが一般的である。

地域にはさまざまな福祉にかかわる課題がある。保育や児童福祉の関係だけでも、遊び場の不足、非行、子育てへの不安、少子化による近所での友だちの不在、子どもをねらった犯罪などが地域のなかで生じている。そうした問題は地域の協力抜きには解決できない。たとえば、児童虐待の早期発見や防止は、地域住民が広く、子どもたちの姿に関心を寄せていなければできないことである。

こうした地域の問題は、本来は地域住民が自分たちの課題として取り組むべきであろう。しかし、地域住民の自主的な動きは多少あるものの、全体としていえば、地域での福祉への関心はまだまだ高いとはいえない。

また、都市部では、地域住民同士の関係が薄く、地域全体の取り組みをしようとしても、まとまりを欠いていて困難である。農村部においては高齢化や人口の減少により、地域自体が崩壊しかねない状況がある。都市、農村にかかわらず、地域を維持するだけでもむずかしい時代である。

そうすると、自然に住民が課題をみつけて取り組むことは容易ではない。むしろ、施設の設置に反対するような福祉への後ろ向きの運動が活発になさ

れてしまったケースさえある。

　しかし、住民は福祉課題の解決を望んでいないわけではない。漠然と解決を望みつつも、何が問題なのか、何をすればいいのかわからないというのが実際のところであろう。そこで専門的力量をそなえたコミュニティワーカーが援助することで、住民による地域の問題への主体的な動きが可能になってくる。子育て支援にしても、ひとり暮らしの高齢者の生活の支援にしても、一部のボランティアだけでなく、幅広い住民による自然な形での参加が欠かせない。

　コミュニティワークは、主に社会福祉協議会がその中心を担ってきた。社会福祉協議会は民間の社会福祉団体で、地域住民の組織化やボランティア育成など、社会福祉の幅広い活動を進めている。かつては行政の下請けとの批判もあったが、近年では地域福祉の拠点としての自覚のもとに、積極的な活動を展開して信頼を高めつつある。

　しかし、社会福祉協議会だけがコミュニティワークの担い手ではない。NPO（非営利の民間団体）による自主的な地域づくりの実践も増えている。また、農業協同組合や生活協同組合による地域への働きかけも各地でみられるようになった。そして何より、保育所を含めた社会福祉施設がコミュニティワークの場として機能するようになってきた。保育士が直接コミュニティワーカーとして地域に入り込むことは少ないかもしれないが、コミュニティワークの一翼を担う者として、コミュニティワークについての認識をもたなければならない。

　保育士のように、利用者と直接接する仕事をしていると、ケースワークやグループワークは仕事の一環として理解しやすいのに対し、コミュニティワークには違和感があるかもしれない。しかし、一人ひとりへの援助だけで生活課題をもつ人の問題が解決することはありえない。

　たとえば、障害児が生まれて困惑している親がいたとする。親に対して、障害をもって生きていくことは不幸ではなく人間としての尊厳に何ら違いのないことを伝えたり、精神的なサポートをしたり、障害児の親の会に誘ったりする援助も必要である。しかし、それだけで親の困惑がなくなるとは限らない。地域が、障害児に無理解であり、障害児の親に対して冷たい目が注がれたり、障害児がいじめの対象になるようでは、困惑は深まるばかりである。利用者への援助と地域の改善の両方が進められて、はじめて援助が完成するといってよい。

2．コミュニティワークの原則

① 個別化
　ケースワークやグループワークでも、個別化の原則が柱となっている。コミュニティワークの場合は、利用者個人ではなく、地域に対し個別化する視点をもたなければならない。コミュニティワークはその地域の特性や歴史的背景を把握した上で、進める必要がある。

② 住民主体
　コミュニティワークは、ワーカーがリーダーとして、先頭に立って地域の問題を解決していくのではない。そのようにした方が一時的・短期的には問題が解決するかもしれない。しかし、住民からすると、何もしないでいつの間にか福祉課題が解決したことになって、長い目でみた場合、いつまでも福祉への関心は高まらず、住民の力も伸びないであろう。たとえ効率が悪くても、住民が取り組む姿勢をはぐくまなければならない。住民はサービスを一方的に与えられ、利用するだけの存在ではなく、つくり出す主体でもある。

③ プロセス重視
　コミュニティワークはもちろん問題解決をめざしているし、課題によっては緊急を要するかもしれない。しかし、目的を急ぐあまり、ワーカーや一部の住民だけでことを進めても、地域づくりにはならない。どのように取り組んだかという過程に重点を置く。地域の課題は容易に改善されるものではない。目にみえる効果がみられないからといって、コミュニティワークが失敗したというわけではない。住民がどれだけ問題意識をもち、問題に取り組んだかが最も問われるべきことである。

3．コミュニティワークの過程

① 地域診断
　コミュニティワークを進める場合、まず、その地域の特性を把握する必要がある。日本は全国どこに行っても同じで、地域ごとの特質に欠けるといわれるが、実際には高齢化の状況1つとってみても、ずいぶん違いがある。「日本は高齢化している」というイメージだけでとらえていると、大きな間違いをおかすことになる。都市と農村、人口急増地域と減少地域、新興住宅地と歴史のある地域などさまざまな違いがあり、これらは福祉課題にも大きく反

映している。同一の市町村のなかでさえ、急速に高齢化する中心部、子どもの多い周辺の新興住宅街、古くからの農村部というように、かなり違った特徴をもっていることが多い。そうした地域の特性をつかむことが出発点となる。

　地域の特性をつかむためには、まず既存の統計などを用いる。人口統計などは容易に入手できるし、信頼性も高い。すでに社会福祉に関するさまざまな調査がなされている場合は、それらを活用していくべきである。しかし、既存のデータは一般的・網羅的なので、社会福祉の個々の課題についてまで詳細に深く調べているわけではない。そうなると、さらに詳細をつかむためには独自の調査を行う必要もある。新たに調査を行う場合には、ソーシャルワーク・リサーチ（社会福祉調査法）の技法を用いる。

②　福祉ニーズの把握

　地域住民がどのような福祉ニーズをもっているかを把握する。地域に出ての実際の観察、住民座談会、住民との個別相談、専門職からの情報収集、統計調査などさまざまな方法がある。

③　計画の策定・実施

　地域診断や福祉ニーズの把握の結果に基づいて、援助の計画を立てる。課題を整理し、何が緊急の課題かを明確にして、まず何に取り組んでいくか検討する。その場合、住民が参加し、住民の声を反映させるようにする。策定した計画は公表して住民の協力を得ていくようにする。

④　組織化

　地域住民の取り組みのためには住民の組織化が必要である。地域にはすでに町内会、老人クラブ、女性会、子ども会などの組織があるが、それらを福祉の組織にもなるように関心を喚起する。地域によっては町内会が機能していなかったり、民主化されていない等の問題がある。老人クラブも組織率が低い地域もあり、必ずしも既存の組織がしっかり動いているとは限らない。そのため、既存の組織に寄りかかりすぎると、かえって組織化に失敗する。既存の組織の実態をふまえた上で、その活用を考えていく。

　障害者らの当事者組織やボランティアグループなど新たに組織をつくる場合もある。該当者への広報や動機づけを行い、積極的な参加を呼びかけていく。組織化をした最初のうちはワーカーがある程度運営にかかわっていくことになろうが、どこかで手をひいて自主的な組織へと発展させないと、真の当事者組織とはいえなくなる。

　さらに組織化をしても、現実には参加者の固定化や運営のマンネリ化に陥りがちである。それをどう克服するか、援助を進める上で工夫が必要である。

⑤ 社会資源の活用・開発

　地域の問題の解決は社会資源の活用を抜きにして考えられない。地域の社会資源を把握し、どう活用するかを考えていく。

　しかし、社会資源を活用しさえすれば解決が実現するとは限らない。残念ながら日本の福祉サービスは、現状としては十分ではない。その場合、十分でないことを嘆いたり、行政のせいにして文句をいうという形になりがちである。それでは何もよくならない。

　十分でないのなら、つくればよいのである。施設の設置など、多額の財源を必要とする施策はソーシャルアクション（社会活動法）の技法を用いて行政など関係機関に働きかけることになる。

　ボランティアグループ、障害者作業所、育児サークルなどは地域住民自身でつくり出すことも可能である。その場合、核となって動くリーダーが存在しないと、せっかくつくった資源も動かなくなる。リーダーの発掘と養成も必要となってくる。

⑥ 記録と評価

　ソーシャルワークにとって記録は不可欠であるが、コミュニティワークでは、特に重要となる。コミュニティワークは地域を対象とする性格上、期間が長期化しやすく、また関係する人数も多くなる。適切な記録が常に整えられていなければ、何をしているのかもわからなくなる。

　ケースワークの記録であれば、秘密保持の原則のもとでプライバシー保護に努めなければならないが、コミュニティワークの場合、住民への情報提供が必要であり、公開に耐えうる記録としておく。

　次に記録に基づいて、コミュニティワークの成果を評価していく。住民参加ができているか、組織が機能しているか、社会資源の活用は適切か、などを検討する。

4．コミュニティワークの技法

① 広報・福祉教育

　住民の社会福祉への関心を高めるには広報が欠かせない。以前に比べて福祉への関心や認識は高まってはいるものの、まだまだ不十分である。

　従来から施設や社会福祉協議会では広報紙を発行しているが、マンネリ化する傾向がある。情報の氾濫している現代では、作成して配布しただけでは読まれにくい。手にとりたくなる広報紙づくりの工夫が必要である。

テレビ、ラジオ、新聞は有効な手段であるが、自由に使えるものではない。しかし、行事の日程を連絡するなど、関係を密にすることは可能である。ケーブルテレビの普及で、地域密着のチャンネルのある地域も増えており、活用の機会は以前より増している。またローカル紙があれば、割合活用しやすいであろう。

また、福祉関係のビデオは多数制作されている。社会福祉協議会などで貸し出しをしている場合も多いので、人が集まる機会には活用していくことが望ましい。講演会、シンポジウム、学習会の開催は、高い関心をもつ人に対しては有効である。企画を進める場合、人が集まらないと格好がつかないというので動員をかけて人集めだけすることがあるが、本末転倒である。人が集まる工夫をすべきであるし、人数よりも内容の濃さの方が大切である。企画から十分に練って、内容の深いものにしたい。

最近ではコンピュータが普及し、インターネットが情報伝達の手段として普及している。ホームページを設ける保育所や施設も増えている。新しい手段も積極的に取り入れることを考えることが必要である。

なお、広報の場合、高齢者や障害者への配慮が求められる。視覚に訴える手段は有効であるが、視覚障害者や視力が低下した高齢者には伝わりにくい。情報化社会は同時に、その人の情報収集力による格差が大きくなる社会である。得られる情報の乏しい人は、それだけでハンディとなってしまう。社会福祉の広報では、さまざまな手段を用いて情報の届かない人がいないように、注意しなければならないだろう。最新の伝達手段も大切だが、人から人への昔ながらの方法の有効性は減ってはいない。民生委員児童委員、保健師、ボランティアなど地域のマンパワーは広報の有力な手段である。

他方、学校では福祉教育が盛んになってきた。保育所にも福祉教育の実践として学校からの訪問・実習が多くなっている。訪問・実習の受け入れは、プライバシー確保や事故の心配などの弊害もあるが、基本的には地域に開かれた保育所や施設にしていくために、前向きに受け入れるべきであろう。

② **社会資源間の連絡調整**

地域にはさまざまな社会資源がある。児童福祉の関係でいえば、保育所、児童館、学童保育（放課後児童クラブ）、児童養護施設、保健所、民生委員児童委員、福祉事務所、児童相談所、家庭児童相談室、さらに広げると幼稚園、学校、医療機関、警察などがある。

しかし、それらが連携をとって、全体として児童の問題に地域のレベルで対応できているかといえば、できていないのが現実であろう。福祉と保健・医療との連携が特に必要であると叫ばれているが、保育の場合、さらに教育

との連携も大切である。近年幼稚園との垣根がなくなってきており、幼稚園や小学校との連携も求められる。

コミュニティワーカーには、これら資源間の連絡役として、各資源間を結びつけていく役割が求められる。

③ ボランティアの養成

コミュニティワークの実践にとって、ボランティアの存在は欠かせない。住民の生活を支える援助は、行政の施策として行うには限界があるし、また行政の施策として行うことが、一歩間違えると生活への公権力の干渉になりかねない面もある。

ボランティアへの関心が高まってはいるものの、なお多くの人は参加への希望をもちつつも、何となく参加しないままになっているのではないだろうか。なるべく容易で楽しい企画によって参加のきっかけをる必要がある。また、ボランティアといえども、社会福祉への適切な知識と技術をもつことで幅広い活動をすることができる。ボランティア講座などの形で知識の伝達を図ることも必要である。保育所や施設では参加型の講座が可能となるので、その特性を活かしていく努力が必要であろう。

3　子育て支援とコミュニティワーク

1．子育て支援と保育

保育所はそれ自体ポピュラーな子育て支援であるが、もっと広い意味での子育て支援が求められている。1980年代後半になって、保育制度や児童福祉について改革の議論が本格化した。その論点の1つは保育所と地域とのかかわりであった。厚生省（現・厚生労働省）は「保育所地域活動事業実施要綱」を策定し、乳児保育、延長保育、障害児保育、夜間保育などの特別保育、年度途中入所、老人福祉施設訪問等世代間交流事業、異年齢児交流事業、保護者等への育児講座、郷土文化伝承事業、保育所退所児童との交流、小学校低学年児童の受け入れ、地域の特性に応じた保育需要への対応などを掲げた。

こうしたなか、少子化を背景として1994年に「今後の子育て支援のための施策の基本的方向について」（エンゼルプラン）が策定された。そこでは安心して子どもを産み育てることのできる環境整備をめざし、家庭の子育てを支えるために地域や児童福祉施設の協力を求めている。

第7章 コミュニティワークの基礎知識

　1999年の「重点的に推進すべき少子化対策の具体的実施計画について」（新エンゼルプラン）では、低年齢児保育、延長保育、休日保育、乳幼児健康支援一時預かり（病後児保育）などについての整備を図っている。特に「地域で子どもを育てる教育環境の整備」を掲げ、子どもセンターの全国展開や地域における家庭教育を支援する子育て支援ネットワークの整備を求めている。
　一方、1997年の児童福祉法改正により、保育所と地域とのかかわりが一段と強まったといえよう。保育所の選択権が明確になり、保育所による地域への情報提供の必要性が強まっている。また他の施設も単に名称を変更しただけではなく、機能が多様化し、地域との関係が深まった。新設の児童家庭支援センターや放課後児童健全育成事業が地域性の深い施設や事業であることはいうまでもない。

2．課題

　子育て支援の拡充は、親の立場からすれば、保育所が使いやすくなり、便利になった。しかし、親にとって子育てしやすい条件をつくることに主眼が置かれたため、子どもにとって最善の環境をつくることを第一に考えてきたとはいえない。親と子どもの利益は、必ずしも対立するわけではない。育児相談が充実すれば、よりよい育児をすることになって、子どもにも利益となってくるであろう。しかし、すべてを手放しで歓迎できるかといえば、さまざまな問題もはらんでいる。
　まず、保育所の条件整備の問題である。さまざまな役割が保育所にかかってきているが、メニューがあまりに多い割には、それに見合うだけの設備や人員が保育所の側に備わっていない。そのようななかであえてサービスを拡充すれば、保育の質が落ちたり、保育士に過大な負担がかかって、日常の保育に悪影響が出てくる可能性もある。
　保育士は保育や子育てのプロとして高い技術と知識をもっていなければならないとしても、現実に多様なサービスを見事にこなすだけの力量をしっかり備えているかといえば、そうとは限らないだろう。
　中期的な課題としては、保育士養成のシステムまで含めて検討しなければならないが、さしあたって研修の充実や保育士の意識改革が必要であるし、設備や人員も含めて充実を図るべきである。
　また、さまざまな新しい取り組みのなかには、子どもにとって利益となるのか疑われるものもある。駅前保育所のような自然環境に乏しい場所での保育が、毎日の保育の場として望ましいとは考えにくい。

厚生省（現・厚生労働省）は『平成10年版厚生白書』にて「子どもは3歳までは常時母親のもとで育てないと悪影響がある」とする3歳児神話について、合理的な根拠のないことを指摘している。そして集団保育が乳児も含めて子どもの発達に有益であることは明白である。しかし、やみくもに保育時間が延び、場合によっては夜間にまで及ぶとなると、プラスとばかりもいえなくなる。

就労実態にあわせた保育サービスを提供しなければならない現実はある。しかし、職場優先の風土や企業の行き過ぎた競争原理が育児にふさわしくない就労実態を生み出しているとすれば、そちらに歯止めをかけることもしなければ、とどまることなく保育時間を延ばすことにもなりかねない。

民間による保育サービスへの参入からくる競争原理の導入は、保育そのものの充実よりも見かけだけをよくすることにもなり、行き過ぎた早期教育に走るなど、保育を歪めることにもなるであろう。

こうした危惧について、子どもへの悪影響が具体的に実証されているわけではないにしても、マイナスが立証されてからでは遅いのであり、問題を認識しつつ、進めていくべきである。

大都市部ではまだ、さまざまなサービスが行き届くどころか、保育所にすぐには入所できない待機児童もいる。少子化への歯止めがかからないなか、さしあたり保育サービスを拡充することが緊急に求められていることは否定できない。反面、問題についても、真剣に検討すべく保育現場から実態を提起していくべきであろう。

また、これらの問題のなかには、地域の子育ての環境を改善することで解消できる面も少なくない。地域の子育てグループや、1994年より設置の促進が進んでいるファミリーサポートセンターは有効な手段である。父親の育児への参加を地域ぐるみで進めていくこともできる。深刻化する児童虐待を防ぐには、地域での子育てへの関心の高まりや見守りの体制づくりが不可欠である。地域を福祉の場としてつくりかえていくことは、保育の上からも強く要請されているのである。

<参考文献>
上野谷加代子・松端克文・山縣文治編『よくわかる地域福祉』ミネルヴァ書房　2004年
松田博雄・山本真実・熊井利廣編『三鷹市の子ども家庭支援ネットワーク－地域における子育て支援の取り組み－』ミネルヴァ書房　2004年
平野隆之・宮城孝・山口稔編『コミュニティとソーシャルワーク』有斐閣　2001年
高森敬久・高田真治・加納恵子・定藤丈弘『コミュニティ・ワーク　地域福祉の理論と方法』海声社　1989年
濱野一郎・野口定久・柴田謙治編『コミュニティワークの理論と実践を学ぶ』みらい　2004年

第8章

コミュニティワーク演習

1 地域子育て支援センターでの援助事例

「地域に受け入れられる子育て支援センターをめざして」

● 地域の概要

　M保育園は、A市の南部に位置し、公民館、学校、病院が近くにあり、さらに、自然環境に恵まれた場所にある。また、園外保育や飼育栽培を通して子どもたちの豊かな感性を育てている。

　ところが、近年では住宅化が進み、アパート、工場が多く立ち並び住民の移動も著しくなってきた。M保育園の入園児も、県外の転入者や外国人が急増し、言葉や生活習慣の違いなど、困難な状況のなかで新たな保育をめざす必要性が出できた。

　このような状況のなか、地域の子育て支援機能を充実させるため、A市はM保育園を「地域子育て支援センター事業」の指定施設とした。

● 事例の概要

　地域子育て支援センターは、「地域と密接な関係を持ち、保育所のもつ子育てに関する専門的なノウハウを活かしながら、地域全体で子育ての支援を図る」ことを目標として、子育て相談、地域子育てサークル育成支援、保育所の地域への開放、啓発に取り組んでいる。

　これらの事業は、A市がたたき台をつくり、子育て支援センター連絡協議会（児童相談所、保健センター、民生委員児童委員、嘱託医などで構成されている）を設置し、そこで検討したものである。

　円滑にスタートするかにみえた事業であるが、市の広報やポスターの宣伝のかいもなく、利用者は増えない。かろうじて、入所希望者の見学や絵本など図書の利用があるぐらいである。4月からはじまった取り組みが、3か月経っても相談件数ゼロといった状況であった。

● 取り組みと経過

◆1件の相談から

　地域子育て支援センター（以下「センター」と表記）を開設したものの、相談がない状態で夏休みを迎えようとしていたある日、センターに1本の相談電話が入った。

　その電話は、最近仕事の都合で転勤してきた4人家族で、知的障害のある5歳の男の子と1歳の女の子をもつ母親からの相談であった。相談内容は、転勤でA市に引っ越してきたが、近くに知り合いもなく、頼れる親戚もいない。近隣の地理もよくわからないし、病院や遊び場などの施設も詳しく知らないので、1日中子どもと家のなかに閉じ込もって過ごしている。夏の間だけでも親子教室に通いたい、というものだった。

　ところが、夏期の親子教室は、申込者0人といった状況で、この親子を受け入れたくてもたった1組ではどうしようもなかった。そこで、保育園はこの件に関して子育て支援センター連絡協議会で協議してもらうことにした。協議会では次の問題点が明らかになった。

・広報宣伝活動だけでは、利用者が集まらない。
・地域に根ざした活動の展開がなされていない。
・障害児交流教育を新たに進めていかなければ、一時的な支援に終わってしまう。
・住民の子育てに関するニーズを把握していない。
・保育園の職員（保育士）・保護者の意識改善、意志統一が必要。

　保育園では、これらの問題をまず解決していかねばならないことに改めて

気づいた。

　このように、地域子育て支援センター事業という器があっても、実際に利用されていない、もしくは、住民のニーズとかけ離れたサービスになっていることに気づき、そこから問題解決を図っていこうとする動きからコミュニティワークが展開された。

◆動き出した保育園

　障害児をもつこの母親のニーズに応えるには、まず何としても夏期親子教室を開催しなければならない。そこで、入園児の保護者に夏休み親子教室の参加を呼びかけた。しかし、本来この事業は、入園児とその保護者を対象としているものではなく、その主旨に反するものだという意見が出た。また、保護者からも「夏休みの予定は決まっているし、突然いわれても対応できない」「なぜ、参加する必要があるのか」といった意見が出た。

　ここではじめて、地域子育て支援センター事業の主旨説明を行い、この保育園がＡ市の地域子育て支援センターとなっていることを保護者に伝えたのである。

　はじめは非協力的であったそれらの保護者も、少しずつ活動に参加してくれるようになった。そんななかで、保護者から「ミニ懇談会」を開いてはどうかという提案が出された。この提案によって保護者との懇談会が開かれることになり、そこでは、地域の子育てに相談・助言・支援という、親とのパートナーシップのよりよい実現のための共通理解を図り、地域のニーズに対応する方法が話し合われた。

　その後、ミニ懇談会は定期的に行われ、子育て情報紙の発行を行い、より身近な情報提供をしながら、活動の啓発に努めた。一方で、地域のボランティア団体との協力で、障害児の交流保育にも取り組んだ。また地元の農業協同組合や町内会に情報紙の配布協力を依頼し、地域交流も広がってきた。

　ここまでの成果としては、次の５点があげられる。

① 親子教室は、地域の子育ての場として根づいてきた。
② 子育ての自主グループができ、自分たちで活動しているサークルもある。
③ 夏期親子教室では、地域のボランティアの協力が得られ、地域と密接な関係を保っている。
④ 親子教室を開催することで、保育内容の工夫が得られ、よい刺激になる。
⑤ 事業の推進は担当者が核となり、ミニ懇談会での話し合いや手遊びな

どは、保育所の全職員と保護者会で行っているため、支援事業への意識が高まってきた。

● 考　察

この事例のように、すでに行政が行っている制度や事業を、自分たちのニーズに合わせて活動を展開していくためには、いくつかの課題を乗り越えなければならない。

① 地域子育て支援センター事業の意義や目的を、保育園にかかわる人々とともに考えること（共通理解）。
② 住民の実状を把握し、適切な情報提供を行う。
③ 保育士がコミュニティワーカーとしての役割をもち、地域の社会資源を利用しながら、それらを有効に結びつけていく。
④ 地域子育て支援センターが中心となって、事業内容を検討し、改善すべき点や今後の課題をまとめ、行政に働きかけていく。

この事例では、まだようやく①と②の課題に取り組みはじめたばかりであり、今後のセンター運営には、次のいくつかの問題点が残されている。

① 公立保育園では、職員の移動が頻繁で、職員の意識改善、意志統一に努めてはいるものの、事業全体を把握し展開していくことが困難である。
② 地域の子育てに関するニーズを把握するための調査、情報整理、分析ができていない。
③ 自主サークルの援助を具体的に計画し、年間行事のなかに組み入れる。
④ 事業の取り組み方法や、問題解決の過程を記録とともに蓄積し、積み上げていく作業を行う。

今後、これらの問題点や課題を取り上げ、解決していくことが急がれる。

● 演習課題

1．最初、M保育園における子育て支援センターの利用者が増えなかった原因を考察してみましょう。
2．なぜ、保育士がコミュニティワーカーとしての役割を期待されているのか、この事例や社会情勢などを考慮して話し合ってみましょう。
3．子育てに関する地域の社会資源および保育士以外の専門職を書き出して、保育所、または、保育士とどのような協働・連携ができるか考えてみましょう。
4．自分の住んでいる地域の広報紙や町内会回覧を収集し、市町村が取り組んでいる子育て支援に関する事業について調べてみましょう。

5．市町村が策定している地域福祉（活動）計画の住民向けパンフレットを収集し、近接している複数の市町村計画の内容について、比較・分析してみましょう。

2 保育所地域活動事業における世代間交流の展開

「老人ホームへの施設訪問を通した福祉教育の取り組み」

● 地域の概要

S保育園のあるM市は、昔から商人の街として栄えた土地である。昔ながらの飲食店や酒店、米穀店などの小売業が主流であり、地場産業や大手企業は少ない。しかし、最近では大手スーパーやチェーン店などに押され、地元の商店や小売業は斜陽になり、この不況で廃業する店も少なくない。

● 事例の概要

S保育園は、自営業やフルタイムの共働き家庭の子どもたちが多く、園児はM市全域から通園している。また、祖父母との同居世帯は1割程度と少なく、ほとんどが核家族である。このような実状から保護者は、産休・育児休業明けの保育や時間延長保育が早急に実施されることを望んでいるが、まだ実施には至っていない。現在、一時保育および障害児保育は行っている。また、S保育園と同じ社会福祉法人には、高齢者福祉施設（特別養護老人ホーム、デイサービスセンター）があり、両施設の合同行事や慰問などの交流を行っている。

今回、近隣の保育園や地元の小学校から同法人の特別養護老人ホームへ施設訪問を行いたいという希望があり、保育所地域活動事業（世代間交流事業）の1つとして施設訪問を実施することになった。

そこで、S保育園では施設訪問の日程やスケジュールを調整し、施設訪問を希望する保育園・小学校と打ち合わせをすることにした。

● 取り組みと経過

◆第1回打ち合わせ

参加者は、T保育園・F保育園の園長とそれぞれの主任保育士、M市立小学校2年生担任のN先生、S保育園の園長と主任保育士である。初回の打ち合わせでは、地域活動事業の主旨説明を行った上で、施設訪問の日程・スケジュールについて確認した。また、今回の企画について参加者側の意見を求

めたが、参加者のほとんどは「はじめてのことなので、万事Ｓ保育園さんにおまかせする」ということで、特に質問や要望は出されなかった。この日の打ち合わせは、１時間半程度で終了したが、その後すぐＦ保育園の主任保育士から電話が入った。

主任保育士（Ｆ保育園）：今日は、ありがとうございました。打ち合わせでは質問できなかったのですが、じつは特別養護老人ホームの詳しい概要と入所されている方の様子について教えていただきたいと思いまして……。

Ｓ保育園：それでしたら施設のパンフレットをお送りいたしますので、またご不明な点がありましたらご連絡ください。

　他の保育園や小学校からは連絡がなかったが、念のためＴ保育園と小学校のＮ先生にもパンフレットを送ることにした。しかし、これだけでは、施設訪問をする子どもたちに何をどう指導するのか、事前に何をすればよいのかといったことがわからない。そこで、次回の打ち合わせでは高齢者福祉施設の概要説明と福祉教育の意義について学習しようということになり、特別養護老人ホームの職員にも参加してもらうことにした。

◆第２回打ち合わせ

　ここでは、老人ホームの職員が施設の概要および入居者の様子を説明した後、福祉教育の意義について全体の意見交換を行った。また、施設訪問に向けて、事前に何をすればよいかについて話し合われ、次のように、今後の方向がまとめられた。

① 年齢に応じた教育教材の選定が必要。特に施設訪問をする前の子どもたちの理解をどこまで引き上げるか。
② 子どもたちの理解度に対応した訪問内容にしながら、段階的に実施していく必要がある。
③ 保育士・教諭の事前学習、指導案づくりなどについて、先行している福祉教育の実践を探し、資料提供をお願いする。
④ 保護者への説明を行い、日常的な子どもたちの意識づけに参加してもらう。
⑤ 体験や視聴覚教材など、子どもたちの感覚に訴えるプログラムを入れながら高齢者に対する理解を促す。
⑥ 実践記録をもとに、福祉教育プログラムのマニュアル作成に取り組む。

　以上のことを共通の課題として、各参加保育園と小学校の担当者は、施設訪問までの期間にどのような事前学習と準備ができるか、それぞれがまとめて次回打ち合わせで報告することとした。

◆第3回打ち合わせ
　各保育園、小学校から出された事前学習と準備は次のようであった。

●学習対象児：年長組
・おじいちゃん、おばあちゃんの様子を知る（自分の祖父母、近所の高齢者の様子を子どもたちに聞きながら、保育士が絵を書いたり動作で表す）。
・高齢者とどんな遊びをしたか子どもたちに質問し、高齢者が得意なこと、できないことを答えてもらう。
・子どもたちの得意なこと、高齢者と一緒にできることを考えてみる。
・家の人に高齢者の好きな食べ物を聞く（事前に保護者だより、連絡帳などで知らせておく）。
・関連するビデオやアニメのような視聴覚教材があるとよいが、今のところそのような教材が見つからない。
・施設訪問の準備には、S保育園の企画を中心にして進めることとするが、子どもたちに手づくりのものをもたせたいと考えているので検討したい。

●学習対象児：小学校2年生
・ビデオ教材を使って、高齢者の理解を深める（M市社会福祉協議会のビデオライブラリーから借りる）。
・擬似体験を行う（車いす、杖、曇めがねなどを使って高齢者になってみる）。
・車いすや杖などの機材の準備とその取り扱い方など、指導者が必要なので検討したい。
・子どもたちと高齢者のふれあいとして、七夕の行事を合同でしてみたらどうか。

　この打ち合わせでは、以上の内容が確認され、新たに保育園の教材探しと小学校から要望された車いすなどの機材調達、また、介助や取り扱いについての講習をどうするのかという課題が出された。

◆この事業の成果
　事前に学習することの大切さは、子どもたちの反応に示されていた。T保育園とF保育園では、S保育園同様、核家族の家庭が多く、高齢者とのふれあいが少ない子どもたちがほとんどであることがわかった。しかし、そのためか高齢者に対するマイナスイメージがあまりなく、「優しい」「好き」「いつも笑っている」といったプラスイメージが強い。ただ、遊びや得意なこと、

できないこと、好きな食べ物については「わからない」と答えた子どもが多かった。一方、小学校では、ビデオ教材、追体験を通して子どもたちの興味を引きつけ、自分たちと高齢者の違いに気づき、福祉への理解や意識を高めた。

　車いすの介助や取り扱いの講習は、老人ホームの介護福祉士が担当したが、低学年の子どもたちにはわかりづらく、今後は別の方法を考えていく必要がある。

　今回の事業は、保育士・小学校の教諭にとって、はじめての経験であったが、この事業を進めるにあたって、さまざまな問題を発見することができた。なかでも、保育・教育実践において、福祉教育の位置づけの曖昧さが浮き彫りになった。

　S保育園では、今後さらに中学校・高校と参加を広げていきたいと考えている。

● 考　察

　この事例のような試みは、現在さまざまな地域でみられるが、老人ホームの慰問や福祉体験学習の取り組みが単なる「行事」で終わってしまうことも多い。施設訪問を通して、事前の学習や子どもたちの年齢に応じた福祉教育のあり方を考えていくことが重要であり、継続性のない断片的なプログラムでは、主体的な自己学習、相互学習とはならない。今後は、行政や民間の福祉団体と協力を図り、低年齢児からの一貫した福祉教育プログラムを確立していくことが課題となるであろう。

● 演習課題

1. 世代間交流の意味や効果などについて話し合ってみましょう。
2. 駅・学校・公共施設などに設置されているユニバーサルデザインを探し、その機能や特色について整理してみましょう。
3. 高齢者施設や障害者施設など、福祉教育としての施設訪問を実施する場合、保育士としてどのような準備が必要か書き出してみましょう。
4. 最近、低年齢からの福祉教育の必要性がいわれていますが、施設訪問などの他にどのような福祉教育の方法がありますか。
5. 子どもたちが「見る」「聴く」「触れる」ことのできる福祉教育教材のアイデアを出し合い、教育開発に取り組んでみましょう。

3 子育てサロンの援助事例

「子育てサロンの立ち上げから広がった保育所の子育て支援」

● 地域の概要

O市は、人口約3万人の自然豊かな田園都市である。三世代家族も多いが、この10年で人口の減少と核家族化による世帯数の増加が急速に進み、特に最近では、都市から転入してくる世帯や、外国人も増えつつある。

O市には、市立の保育園が7園あるが、K保育園はO市のなかで一番初めに設立された保育園である。今の場所に移転してから約30年を経ていることもあり、親子2代で在園していたケースもある。

保育園の周囲には田んぼや畑があり、地域の人から畑を借りて園児が野菜づくりを体験したり、地域の人が好意で保育園に駐車場を貸与したりと地域に根づいた保育園である。

K保育園は低年齢児保育や延長保育も実施しており、全園児数は約80人である。

●事例の概要

O市保健センターでは、以前から保健師が中心となって、1歳6か月健診において発達面で要経過観察とされた幼児を対象に、母子で遊んだり、おやつを食べたりする「あそびの広場」が月1回定期的に開催されてきた。ところが最近、健診に来る子育て中の母親から、「健診で何か問題のあった子は、あそびの広場に来られていいわね」という声が聞かれるようになってきた。

一方、同市の社会福祉協議会の相談事業には、「転入してきたが、同じくらいの子どもをもつ仲間がほしい」「子どもを安心して遊ばせる場所がない」「子育てについてどこに相談に行けばいいか……」などの問い合わせや相談が電話などで寄せられることが多くなってきていた。

K保育園の園長は、市立保育園各園に長年勤務し、その間児童館に館長として勤務した経験もあるベテラン保育士で、それらの声を親しい保健師や社会福祉協議会のボランティアコーディネーターから聞いていた。そして、保育園を未就園児とその保護者に開放する子育てサロン「うさこちゃん広場」

を企画することにした。

●取り組みと経過

　保育園の職員と、子育てサロンの目的や具体的開催方法について検討するなかで、クラス担任の保育士はそれぞれのクラスの保育で手一杯であったが、地域の子育て支援のために保育園を開放する取り組みについては、全員の賛同を得ることができた。

　園長は市の福祉課長に「うさこちゃん広場」の企画とその必要性を理解してもらい、起案して民生部長の決裁を受けた。そして、市の広報誌で参加者の募集をすることにした。開催日は第2・4水曜日の午前9～11時と決定し、参加者は保育園入園前の0～3歳の子どもとその保護者として「うさこちゃん広場」がスタートした。

◆園開放事業「うさこちゃん広場」の試行と参加者の悩み

　初めての開催日には、5組の母子が参加し、園長と主任が空き教室へあたたかく迎え入れ、子どもたちに手作りの名札をつけた。手遊びや紙芝居などをして、その後は、自由遊びの時間とした。お茶の時間には、おせんべいとお茶を用意してなごやかにおしゃべりをした。

●おむつはずしに悩むA君の母親

　そのなかで、A君の母親は、3歳を目前にしてA君のおむつはずしができないことを非常に悩んでいることがわかった。一緒に連れてきていた10か月の弟にも手がかかり、自分がおむつはずしに取り組めていないことを責めていた。A君をトイレに無理やり連れていくといやがって泣き叫ぶことから、苛立っているようであった。そこで、主任と一緒に低年齢児のクラスでどのようにトイレトレーニングがされているか、みにいってみた。

低年齢児のクラスでは、１歳児までもが保育士の言葉かけによって、抵抗なくおむつパンツを脱いで室内のトイレに行っていた。排尿しなくても、みんな喜んで便器にすわってみたりしていた。その様子をＡ君と母親は目をまるくしてみていた。保育士の「Ａ君もトイレに行ってみる？」との問いかけには、「いや！」と答えたが、２時間ほど一緒にクラスで遊んだ後のトイレタイムには、「ぼくも行ってみる」と自分からトイレに行った。
　Ａ君の母親が「あの日がきっかけになって、もう完全におむつがとれました」と言ってきたのは、それから約２か月後の「うさこちゃん広場」のときだった。

●地域で孤立するＢちゃんの母親
　２歳児のＢちゃんの母親は、自分が外国人であり、地域に友達もいないし、いろいろな日本の習慣もわからない、日本語も堪能ではないので、子どもに言葉を教える自信がないと訴えた。後からわかったことであるが、父親は失踪中であり連絡がとれなくなっており、Ｂちゃんの母親は全く一人きりで子育てすることを強いられている状態であった。
　３回目の「うさこちゃん広場」のあと、一旦帰ったＢちゃんの母親が血相を変えて保育園にかけ戻ってきた。自分のバッグをなくしたというのである。そのバッグには、全財産の現金、パスポート、国際免許証、アパートの鍵まで入っているという。
　園長と主任が母親を落ち着かせ、園内、園外を捜していると、近所の人が「これは、保育園の関係の人のものではありませんか」とバッグを届けてきてくれた。園長は、これからも困ったことがあれば、保育園に来るようにと母親を見送った。
　数日後、Ｂちゃんの母親が園長を訪ね、たどたどしい日本語で自分の生い立ちと現在の悩みを話した。５歳で両親と離別し親の愛情を受けずに育ったこと、また祖国を離れての孤独な子育てに対して大きな不安があることを訴えた。Ｂちゃんを受け入れて、優しく接してくれる園長であったからこそ、「初めて心を開いて相談したい」と思ったという。園長は、Ｂちゃんの母親が安心して子育てできるように支援する必要性を痛切に感じ、継続的にかかわっていくことにした。

●離乳食で悩むＣ君の母親
　10か月のＣ君の母親は、Ｃ君の離乳食のことで自分から園長に相談してきた。Ｃ君はなんでも食べたがるが、どんなものをどのくらい食べさせればよいのか、牛乳はどのくらい飲ませてよいのかわからない、ということであっ

た。そこで園長は、保育園の給食の献立を担当している福祉事務所児童係の栄養士に、保育園に出向いてもらうことにした。栄養士は、この時期にかむことの基本を覚えることの重要性を説明し、実際に低年齢児クラスのおやつを食べさせて様子をみながら、味つけや調理法などについても説明した。C君の母親も、今まで食べる量ばかりに気をとられ、かむことを注意してみていなかったことに気づき、とても納得した様子であった。

「うさこちゃん広場」は申し込み制ではないので、開催日によって誰が来ても自由であるし、子どもの年齢もばらばらであるが、どこにも所属していない親子の集う場として口コミで広まり、いろいろな親子が参加するようになった。なかには、自分の住む市町村にはこうした子育てサロンがないからと、車で40分くらいかけて参加しに来る人もいた。

夏には低年齢児クラスと一緒に水遊びをしたり、秋には散歩に出かけどんぐり拾いをするなど、在園児との交流も取り入れていった。

こうして子育てサロンは定着し、その必要性が実証されたことから、次の年度からは他の市立保育園でも、子育てサロンを実施することが決まった。

◆無料一時預かり事業の実施と一時保育事業利用者の増加

翌年度、K保育園は市の地域子育て支援センターに指定され、支援センター事業専任の保育士も設置されることになった。そこで、新規事業として無料の一時預かり事業「ちゅうりっぷ広場」を始めることとなった。6～8月までの第1木曜日の午前9～11時まで、定員15名に限り未就園児を預かり保育し、母親のリフレッシュやちょっとした用事を済ますための子育て支援として、市の広報誌で募集をした。申し込みは殺到し、すぐに定員いっぱいとなった。

事業の実施にあたっては、市社会福祉協議会のボランティアコーディネーターと連携をとり、元保育士のボランティアを3名紹介してもらい、園長、センター専任保育士が中心となって事業は始まった。利用者からは大変好評で、迎えに来る母親たちの顔はほんとうにはればれしていた。「ちゅうりっぷ広場」は、その効果から引き続き9～11月、12～2月にも開催された。

「ちゅうりっぷ広場」を始めてから、K保育園で従来から行っている有料の一時保育の利用者が以前の約3倍になった。「ちゅうりっぷ広場」を利用した人が、今度は通院、上の子の参観日、緊急時、リフレッシュなどのために、安心して気軽に一時保育を利用するようになったのである。

一時保育の利用料は、3歳未満児で半日1200円、1日（4時間以上）2400

円、3歳以上児はその半額となっている。

◆土曜日の園開放と日曜保育の実施

　在園児の土曜保育は、以前から園の保育士が交代で出勤して実施しているが、地域への土曜日の園開放の取り組みとして、家族で保育園に遊びに来られるように、「おひさま広場」を開催することにした。毎月第2土曜日の午前中にミニ運動会、おもちゃづくり、親子体操などの内容で計画、広報し、子どもとの遊び方のわからない父親なども、半日たっぷり子どもと楽しんでいくようになった。

　さらに、地域子育て支援センターの事業として、日曜保育事業を開始することにした。これは、以前からサービス業で働く母親たちから、日曜日の保育ニーズがあげられていたこと、小学校の放課後児童クラブも日曜日は休みであるため、低学年の子どもをひとりで家に置いておけないなどの声から、対象を3歳から小学校低学年までとした。この事業は、事前の申し込み制で受け付け、市の保育園を退職した保育士2名が担当する方式とした。

　こうした子育て支援に関するさまざまな事業を展開していくうちに、市福祉事務所児童係、市社会福祉協議会、保健センター、小児科開業医といった関係機関から、保育園に幼児や子育てに悩みのある家族を紹介してくることも多くなり、また、電話子育て相談の件数も増加していった。さらに、自主的な子育てサークルがいくつか誕生し、保育園の部屋の提供やサークル運営の相談にあたるなど、支援活動は活発化していった。

●考　察

　地域の子育てに関するニーズを敏感にキャッチして、それを保育園の機能を生かしながら事業としていった園長は、①ニーズ把握、②社会資源の開発、③サービスの計画的運営を実践するコミュニティワーカーとしての力量を十分備えていた。そして、それを支えたK保育園の職員集団のチームワークは、専門職ならではのものといえる。

　そして、一つの事業からまた新しいニーズをキャッチし、新しいサービスを創造していくことによって、保育園が地域の子育て支援センターとして、住民にとって頼りになる存在となったのである。K保育園での取り組みは、その方法や技術をほかの保育園と共有することで、O市全体の子育て支援の機能と力量の向上につながっていくことであろう。

　今後の課題としては、医療関係機関との連携を深めながら、病後児保育の実施についての検討や、子育て相談のさらなる充実が期待される。

また、さまざまな保育サービスが充実しつつあるが、まだ地域には孤立し子育てに悩んでいる親が大勢いるかもしれない。これらの親を発掘し、サービスにつなげていく必要がある。さらに小・中・高校生らの職業体験やボランティアとしての参加や交流によって、地域の福祉教育の場としての役割を担っていくこと、また、地域の高齢者との交流事業も多く取り入れたり、地域の防災や環境問題にも地域の一員として取り組むなど、子育て支援の分野だけでなく地域のなかでの福祉施設としての位置を確立していくことが重要であろう。

● 演習課題

1．この事例では、保育園のどのような機能を子育て支援事業に生かしているか考えてみましょう。
2．コミュニティワークを実践していくなかで、ケースワークやグループワークなどの直接援助技術はどのように関連してくるのか、この事例のなかから考えてみましょう。
3．地域に根づいた保育園とは、どのような保育園のことをいうのでしょうか。また、地域に根づいた保育園とするために、保育士はどのような取り組みをする必要があるのか考えてみましょう。

4　児童虐待防止ネットワークの事例

「子どもの権利擁護のための児童虐待防止ネットワークの構築をめざして」

● 地域の概要

　T市は大都市圏に隣接する、人口約35万人の中核市である。今回の事例の舞台であるY地区は、T市の南西部に位置し、新しい住宅地が多く高齢化率が比較的低い地区である。

　T市では市社会福祉協議会が中心となって、小学校区にすべて小地域ネットワーク活動[※1]を導入して活動を行っている。Y地区は小地域ネットワーク活動も盛んで、高齢者の食事サービスや集いの場としてのサロンなどを積極的に展開している。そして、子育てサロンも月に1回行われていた。この地区では、児童虐待防止法の成立とともに、児童虐待を未然に防止する視点が取り入れられて、地域全域で体制づくりと早期予防・早期発見をめざすことになった。

● 事例の概要

　T市では社会福祉協議会が、民間社会福祉施設連絡会という独自事業を展開していて、施設種別を超えて職員の研修会等の活動を支援する事務局を引き受けている。このような活動のおかげで、社会福祉協議会と民間施設は協働関係を確立していたという土台があった。

　児童虐待防止法が成立してから、T市社会福祉協議会の小地域ネットワーク活動のモデル事業として、児童虐待防止ネットワーク活動に取り組もうということになり、小地域ネットワーク活動が盛んな地区でモデルを実施することとなった。

　K児童養護施設には、T市社会福祉協議会から児童虐待防止のネットワーク活動を行うにあたって、施設での実践のノウハウを生かして、キーパーソン的な役割を担ってほしいと依頼があった。したがって、このケースは、Y地区の福祉委員会を中心に民生委員児童委員や青少年指導員、青少年健全育成協議会などと協力して、児童養護施設の施設長、指導員、保育士が役割分担しながらかかわりをもって、児童虐待防止ネットワーク活動を行っていっ

※1 小地域ネットワーク活動
高齢者のひとり暮らし世帯への見守りや助け合い活動などを、小さな地域で住民が主体となって取り組む活動。

●取り組みと経過

◆社会福祉協議会からの相談電話を受けて

T市社会福祉協議会で小地域ネットワーク活動の担当をしている、コミュニティワーカーK氏からK児童養護施設の施設長あてに1本の電話が入る。内容は、「社会福祉協議会のなかで取り組まれている、小地域ネットワーク活動のモデル事業として児童虐待防止ネットワーク活動を導入したいので、協力してほしい」というものであった。

この件を施設長が職員会議に議題として提出し、職員の意見を聞いた。職員会議では、施設の現状を考えると負担度が高すぎるなどと反対意見も出た。しかし最終的には、児童養護施設が今求められている機能の一つに、地域への子育て支援があり、児童虐待が顕著に増加傾向を示しているなかで、少しでも子どもの権利擁護が保障されるのならば協力していこう、という方向で決議された。

そこでまず、施設長が代表となって社会福祉協議会、Y地区福祉委員会と児童虐待防止ネットワーク活動の骨子を検討し、児童養護施設職員に還元して体制を整えていくことになった。

◆児童虐待防止ネットワーク活動の立ち上げ

児童虐待防止ネットワークを立ち上げるための会議を、K児童養護施設の園長H、社会福祉協議会K氏、福祉委員会会長N氏でK児童養護施設の会議室で行った。

まず、Y地区の状況について説明してもらう。Y地区は比較的新しい住宅地なので子育てをしている世代が多く、また、比較的民主的で、住民が話し合いをしながら行事を進めていく体制をもっている。現在、高齢者を中心に小地域ネットワーク活動や給食サービス、ふれあいサロン[※2]を月に1回ずつ開催している。若い母親を対象とした子育てサロン[※3]も月に1回開催していて、参加者は20人程度いるとのことであった。

その後、意見交換に移り、現在社会では子育て中の親の多くは、育児経験がきわめて乏しく、縮小家族（親と子どもだけで生活をしていること）のなかで身近に相談相手や協力者がなく、孤立しがちである。そして、地域や家庭における子育ての形態も多様化し、親の不安感や負担感を増大させている。

なお、児童虐待防止のネットワーク化については、児童虐待を全面に出せばあまりにも活動が重くなりすぎるので、児童虐待防止ネットワークの組織

※2 ふれあいサロン
地域の住民が、自主的に集まって、プログラム活動や食事会を行うなどによって、地域住民の交流を深めるとともに、高齢者の閉じこもり予防や介護予防につながる活動。社会福祉協議会が支援をしている。

※3 子育てサロン
ふれあいサロンと同様に、住民の自主的な活動で、主に子育て中の母親が中心になる。

は、現状のものをできるだけ利用するなどの意見が出て、以下のことが決まった。
- 児童虐待防止ネットワークの組織は、福祉委員会を中心として青少年健全育成協議会、民生委員児童委員などを加えて組織する。
- 専門機関として児童相談所、保健センターに協力依頼をする。
- 児童虐待を中心として考えるが、地域住民が理解しやすいように子育て支援を全面に出して導入していく。
- 子育てサロンには、K児童養護施設の保育士・指導員が協力をする。
- 児童虐待防止ネットワークが組織された後、児童虐待について勉強会を定期的に実施する。勉強会はK児童養護施設の保育士・指導員がコーディネートをする。

児童虐待防止ネットワークを組織化するために、役割分担をして他の組織に働きかけることになり、児童相談所は児童養護施設、保健センターは社会福祉協議会、青少年健全育成協議会・民生委員児童委員等には福祉委員会が担当することになった。また、児童虐待防止ネットワークの骨子や役割分担を確認していくために、2週間ごとに会議が開かれた。

◆Y地区子ども・家庭問題（児童虐待防止）ネットワーク設立総会

児童虐待というシビアでデリケートな問題に取り組むため、地域の団体の協力を得るのに時間がかかったが、3か月後にY地区の児童虐待防止ネットワークが設立されることになり、設立総会が開かれた。設立総会には、ネットワークに加わることになった各種団体に所属している人々40人が参加して、以下の運営要綱が採択された。

Y地区子ども・家庭問題（児童虐待防止）ネットワーク設置運営要綱

1. 目的
   核家族化・都市化の進行などにより、地域や家庭の養育機能が低下する中で、孤立して育児不安などで悩んでいる家庭が増加しています。こうした家庭に適切な支援がなされない場合には、子どもにとって最大の権利侵害である児童虐待などの深刻な児童問題を招くことになります。従って、Y地区ではより身近で地域に根ざした子育ての総合支援を展開し、次世代を担う子ども達を健やかに育成する事を目的とする。
2. 名称
   Y地区子ども・家庭問題（児童虐待防止）ネットワーク
3. ネットワークに参加する団体
   Y地区福祉委員会、Y地区健全育成協議会、民生委員児童委員
   青少年指導員、S児童相談所、T市保健センター、K児童養護施設

4．実施する事業
　　・地域での子育て支援事業（子育てサロン）や子育ての相談活動
　　・子育て支援に関する情報収集と発信
　　・構成団体の連携による親子教室、子育て講座等の開催
　　・被虐待児童の発見と緊急保護
　5．代表者会議
　　ネットワーク事業を円滑に運営するために、各構成団体の代表者会議を置く。
　6．守秘義務
　　ネットワーク構成団体は、ネットワーク事業を通じて知り得た個人の秘密に関することは他に漏らしてはならない。

◆動き出したネットワークの活動

　代表者会議でY地区の人々に「Y地区子ども・家庭問題（児童虐待防止）ネットワーク」を知ってもらうために啓発活動を行う必要性がある、という意見などがあり、次のことが決まった。
　　・このネットワークを地域の人々に認知してもらうための設立趣意書を各家庭に配布すること。
　　・子育て講演会を開催すること。
　　・子育てサロンの参加を呼びかけること。

　準備の役割分担として、設立趣意書および子育て講演会、子育てサロンのチラシは福祉委員会と社会福祉協議会が作成する。配布については自治会の協力を得て地域の各家庭に届くようにする。子育て講演会の講師については、K児童養護施設が担当する。子育てサロンの企画は、福祉委員会とK児童養護施設が協働で作業することになる。

　子育て講演会は地域のコミュニティセンターで行われ、約100名の参加があった。講演は、K児童養護施設の嘱託医である小児精神科医が「親と子どもの関係」の話をした。講演会終了後、「Y地区子ども・家庭問題（児童虐待防止）ネットワーク活動」の説明を参加者に行い、理解を得た。

　子育てサロンは親子で手遊びやゲーム、制作活動等をしてもらうことを中心に企画され、月1回のペースで約20人の参加があった。手遊びやゲーム、制作活動はK児童養護施設の保育士が協力し、地域の方々とともに子育てサロンを開くという体制で開催された。また、子育てサロン終了後に、個別の子育て相談の時間を設けて、K児童養護施設の指導員が担当した。子育て相談は、子育てサロン終了後で他の保護者がいるということもあり、相談がないという状況だったので、電話で予約をしてもらう形に変更したところ、少しずつ相談件数が増えてきた。

　その後も、Y地区のネットワーク活動は続けられ、問題点を代表者会議で

整理し改善しながら、少しずつではあるが地域へ定着していった。

これまでの成果として、次のことがあげられる。

① 児童虐待のことが、地域の人に正しく認識されるようになった。
② 地域全体で子育て世代を支え、子どもを育てなければいけないということが少しずつ定着していった。
③ 保護者同士が子育てサロンで知り合いになり、社会的孤立の予防となっている。
④ 親子のコミュニケーションスキルが獲得でき、子育てが楽しくなってきたという保護者がでてきた。

● 考　察

今回の事例は、児童養護施設のノウハウや専門性を生かし、既存の組織を利用して児童虐待防止ネットワークをつくっていったものなので、比較的スムーズに進行した。しかし、児童養護施設や保育所が児童虐待防止ネットワークを何もないところからつくっていくには、児童虐待がシビアでデリケートな問題であり、多くの課題があることを理解しておかねばならない。そして、子どもの権利擁護を主体に、児童虐待防止ネットワークをつくっていくには、地域住民に十分理解してもらう必要がある。今回の事例のポイントをまとめると以下のようになる。

① 児童虐待防止ネットワークをつくっていくには、児童虐待が子どもにとって重大な人権侵害であることを理解してもらう必要がある。
② 地域住民の理解と協力なしに、児童虐待防止ネットワークをつくることはできない。
③ 児童虐待防止というキーワードは必要だが、子育て支援という視点を入れる必要がある。
④ 地域住民の実状を把握し、児童養護施設や保育所の専門職がキーパーソンとなっていく必要がある。
⑤ 保育士がコミュニティワーカーとしての役割をもち、地域の既存の社会資源を利用しながら、それらを有効に結びつけていく必要がある。

しかし、児童養護施設や保育所が児童虐待防止ネットワークをつくっていくには、いくつもの課題や問題点がある。

① 地域住民との信頼関係が確立されているのか。
② 地域住民に専門性を認知してもらっているのか。
③ 職員の意識改善、意識の統一はなされているのか。
④ 施設全体に児童虐待を取り扱うだけの専門性があるのか。

⑤　児童相談所や保健センターなどの専門機関と連携がとれているのか。

などが考えられ、今後、児童虐待防止ネットワークをつくっていくためには、以上のような課題をクリアにしていく取り組みが必要である。

● 演習課題

1．児童虐待防止ネットワークを構築するために、児童養護施設や保育所が果たさなければならない役割について考えてみましょう。
2．児童虐待防止ネットワークを構築するために、どのような地域の社会資源を利用して、協働・連携しなければならないのか考えてみましょう。
3．児童虐待が子どもにとって重大な権利侵害であるということを、地域住民に啓発するための方法を考えてみましょう。

第**9**章

ソーシャルワークの動向と課題

1 ソーシャルワークの動向

1．ソーシャルワークの発展

　ソーシャルワークの方法論は、第2章でもふれているように、COSの活動からケースワークへ、セツルメント運動やYMCAの活動などからグループワークへ、COSやセツルメント運動などの活動からコミュニティワークへと、その理論化への萌芽をみることができる。
　そして20世紀に入り、ケースワーク、グループワーク、コミュニティワークの三方法は、ソーシャルワークの実践的基盤として構築されていく。
　また、1960年代以降には、これらソーシャルワークの伝統的三方法に加えて、社会福祉調査法としてのソーシャルワーク・リサーチ、社会福祉運営管理としてのソーシャル・ウェルフェア・アドミニストレーション、社会活動法であるソーシャルアクション、社会福祉計画法であるソーシャル・ウェルフェア・プランニングなどの方法論が確立されていく。
　このように、ソーシャルワークはその方法論を拡大しつつ、かつ理論を深化させていきながら、その対象も個人から集団・地域・社会・国家へと発展していった。

2．ソーシャルワークの統合化への動き

　ケースワークをはじめとするソーシャルワークは、個人、家庭、地域、学校、医療・精神医療など対象となる分野も多岐にわたることから、それぞれが個別に独立した実践方法として発展し、それらの実践領域において専門分化していった。したがって、援助を行っていくうえで理論的・実際的に多くの矛盾をはらんでいくこととなる。
　そのため20世紀中葉には、アメリカ合衆国においてソーシャルワークの方法論の批判的見直しがそれぞれの分野で行われるようになり、ソーシャルワークの専門性を発揮すべく、これまで発展してきた方法論の統合化が図られるようになった。
　このような背景のもと、1955年にはアメリカ・ソーシャルワーカー協会、医療ソーシャルワーカー協会、アメリカ・グループワーカー協会、学校ソーシャルワーカー協会、コミュニティ・オーガニゼーション研究協会などの分

第9章　ソーシャルワークの動向と課題

立していた多くの専門職団体を統合した全米ソーシャルワーカー協会（NASW）が設立され、1958年に「ソーシャルワーク実践の作業定義」をまとめるなど、専門分化していた方法や技術の統合化を推進し、ソーシャルワーク実践の共通基盤の構築への原動力となっていく。

さらに、この潮流を受けて、H.バートレット（H.Bartlett）は『社会福祉実践の共通基盤』を1970年に発表し、すべてのソーシャルワーカーに共通する実践的枠組み、専門性、構成要素などの基盤と準拠枠を提示し、「価値・知識・介入」という実践基盤としての共通要素をも明確化した。

このようなソーシャルワーク実践の統合化の流れは、次の3つの形態に整理することができる。

① **方法の結合**
伝統的三方法（ケースワーク、グループワーク、コミュニティワーク）を、問題状況に応じて適切に組み合わせて援助をしていく。

② **共通基盤と準拠枠の明確化**
ケースワーク、グループワーク、コミュニティワークの各方法論の共通する「価値・知識・介入」といった原理・原則を抽出した上で、その共通基盤を明確化し、社会福祉実践を全体的・包括的に理解し位置づけることで統合化を図る。

③ **ジェネリック・ソーシャルワーク**
伝統的三方法による対象者や問題の分断ではなく、隣接する諸科学を導入することで新たに全体的・包括的な実践理論を体系化しようとするもの。

このような統合化の流れのなかで、一つの対象を特定の要素のみによって規定するのではなく、さまざまな要素が相互に関連したものと考え、対象を社会・文化的なシステムの一つとしてとらえる「一般システム理論」を基盤とするソーシャルワークの理論化が進んでいく。

さらに、1980年代に入ると、ソーシャルワークにエコロジカル（生態学的）な視点を援用したアプローチである「生活モデル」（Life Model）がC.ジャーメイン（C.Germain）とA.ギターマン（A.Gitterman）によって体系化されていく。

この「生活モデル」は、1970年代ころまでのケースワークが基本としてきた、調査・診断・治療を重視した「医学モデル」という専門職中心の権威主義的な援助方法に対比した考え方で、人と環境との絶え間ない交互作用を重視し、交互作用においては互いが影響を受け合い、環境に影響を及ぼすことによって人々の適応能力をより高いものにすることを目的としている。つまり、一方は変化するが、他方は影響を受けないといった観点を超えたもので

あり、かつ問題は人々の生活環境における交互作用によって起こるものである。したがって、問題の受けとめ方を環境との交互作用であると十分に認識し、クライエントの生活を中心に据えた上で、周囲の環境との相互関係を有機的にとらえ、その人の適応能力を高め、環境への影響力を強化し、より適切な関係を促進することであるといえる。

そして現在では、論理的かつ抽象的なシステム論と、人間と環境とを一体のものとして互いの交互作用をダイナミックかつシステマティックにとらえる生態学的視点を融合させた「エコシステム論」による、包括的なソーシャルワーク理論の構築が一つの潮流となっている。

このようにソーシャルワーク理論が発展してきたなか、近年では「自立支援」「アドボカシー（権利擁護）」、「エンパワメント・アプローチ」「ストレングス視点」など、クライエントの主体性・権利性に焦点を置いた新たな理論形成が盛んに展開されてきている。

今日でいうところのソーシャルワークの統合化とは、対象を個人や集団または地域により分断するのではなく、それぞれが相互に関係し合うという包括的な観点からとらえ、対応していこうとする方法論の構築を意味するといえる。

2　ソーシャルワークの新たな展開

1．ソーシャルワークにおける自立支援

近年、児童・高齢者・障害者をはじめとするあらゆる領域におけるソーシャルワークで、「自立」という概念が目立つようになってきている。

この「自立」という言葉には、他者から要求される自立と、自らを権利の主体として考え、自立を基本的人権の構成要素としてとらえる考え方がある。

これまで「自立」は、経済的・職業的自活や身辺自立の確立を重視する伝統的な自立観が支配的であった。このとらえ方は現在でもなお根強いものがあるが、この伝統的自立観のもとでは、重度の障害者は自立困難な者としてのレッテルをはられ、「自立」の不対象として扱われ、隔離されたり、保護を要する者としての生活を余儀なくされるなど、社会的な不利益を被ることとなる。

しかし、アメリカ合衆国カリフォルニア大学バークレー校の重度障害をも

つ学生が、重度障害者が自己決定に基づく地域での自立生活をする権利保障を要求するために起こした運動である「自立生活運動」（IL運動；Independent Living Movement）によって、それまでの伝統的自立観に一石が投じられることになる。自立生活運動の「自立」の理念には、身辺自立や経済的自立の状況にかかわらず、自立生活は成り立つとの指摘のもと、「援助を伴う」自立観を提唱する。つまり、たとえ日常生活においてケアを要するとしても、自己の人生や生活のあり方が自己の責任において決定され、自らが望む生活目標や生活様式を自らの選択により決定し生きていく、という行為そのものを「自立」ととらえた。

　ここで重要となる概念は「自己選択・自己決定権の行使」による「自立」であり、ケアを要するか否かという観点に基づく「自立」のとらえ方ではない。たとえば、「人の助けを借りて15分かかって着替えを済ませ、仕事に出かけることができる者は、身辺自立という他者からの期待により、自分で着替えることに2時間を要するために外出を控えるしかない者に比べ自立している」という考え方である。したがって、ケアの有無に関係なく自らの人生を自らが主役となって生きること、生活主体者として生活を送るという権利性・精神性行為においての生活を自立生活とする理念である。

　この理念が、これまで自立困難な者として選別され、施設や病院などで第三者の管理のもと、自己のすべての行為および生活上の行為に対する自己選択・自己決定をする権利などに、強制や制約を受けてきた多くの障害者の現状に多大な影響を与えた。

　この自己決定権の行使を「自立」とする考え方は、障害者だけではなく、児童や高齢者などさまざまな人々に適応できるものであり、そのための一つの働きかけにアドボカシーがある。この自己決定の能力をいかに高めるか、いかに支えていくことができるかを重要なポイントとして考え、ソーシャルワークに反映させていかなければならない。また、自己決定を保障していくための対概念となる重要な構成要素として、その判断材料となる選択肢（情報）の提供があげられる。自らが選び、自らの決定を促していくためにも、選択肢（情報）の提供は不可欠な要素であり、これらの取り組みは社会福祉の共通課題である。

2．アドボカシーとしてのソーシャルワーク

(1) アドボカシーとは

　アドボカシー（advocacy）は「権利擁護」と訳されることが一般的であり、

人権を基盤とした弁護・代弁・保護・勧奨・支援などの意味が包含されている。アドボケイト（advocate）には、アドボカシーを行う人、つまり弁護士や代弁者の意味がある。

社会福祉の領域でアドボカシーは、自分の権利を自分自身では主張することが困難な人に代わって、ソーシャルワーカーなどがその人の最善の利益を考え、ニーズの充足や生活の質の向上、権利の擁護などのためにもてる専門的知識や技術を駆使して積極的に代弁し行動することで、行政や社会福祉機関の応答や変革を求める行為をさす。

アメリカ合衆国では、社会正義の保障と維持をめざして、個人・グループ・コミュニティの利益のための一連の行為をアドボカシーすることと位置づけている。またイギリスでは、サービス利用者の状況を向上させるためにアドボカシーすることとして、ソーシャルワークの方法の一つに位置づけている。

(2) アドボカシーの種類

アドボカシーには、①セルフ・アドボカシー、②市民アドボカシー、③法的アドボカシーの3種類がある。

① セルフ・アドボカシー

個人またはグループが自身のニーズと利益、または権利回復などを求めて自らが主張し、あるいは行動する過程を意味している。つまり、アドボケイトとして活動することが、権利侵害やサービス利用者などの問題を抱えている人々自らの社会的運動となる。この活動は、セルフヘルプ・グループと似ているが、それと異なる点は専門職などを含んでいる点にある。セルフ・アドボカシーの代表的なものに、知的障害者のピープル・ファースト運動があげられる。

アドボカシーとは、クライエントの権利を回復する、または守るための代弁であり行動であり戦いであるといえることから、ソーシャルワーカーなどの対人専門職にとってのセルフ・アドボカシーの意義には、アドボカシーが新たな見解とアクションを生み出すための道標を提供することにあろう。

② 市民アドボカシー

アドボカシーと友人として助けることの統合、つまり意思伝達が困難な人や自分の権利の主張が困難な人などに対して、協力関係のもとで行動するアドボケイトとして考えることができる。それは、利害の対立から自由な立場にあり、アドボケイトとクライエントはパートナーとしての関係で表現されることもある。

③ 法的アドボカシー

　セルフ・アドボカシーや市民アドボカシーではよりよい効果が得られないときなど、法的に争う余地のある場合に用いる技法である。もともと、アドボカシーは法律家の主な業務として行われてきたもので、弁護士は裁判所などでクライエントの代理行為としてアドボカシーを行っている。権利についての法律的解釈の限界を押し戻すために活用したり、契約上または金銭的なトラブルなどの法律に関係し、専門家でない者には携わることが困難な事例に効果的である。

(3) アドボカシーの方法と留意点

　アドボカシーの方法には、対象者個別の弁護・代弁を行い権利の回復やサービス利用の改善などに向けた代理的活動と、対象者集団の権利の擁護やニーズの充足のための制度・政策の充実に向けた訴えといったアクションがある。わが国における具体的な活動としては、成年後見制度、地域福祉権利擁護事業（福祉サービス利用援助事業）、オンブズマン制度などの取り組みがあげられる。

　次に、児童や障害者、高齢者などのアドボカシーに向けて、ソーシャルワーカーが留意するべき点をあげておく。まず、常に利用者の最善の利益とは何かを念頭に置き、課題に取り組むこと。また、利用者の声に耳を傾け、利用者の気持ちを受容しニーズや問題点の明確化を図ること。そして、現状のシステムに満足するのではなく、常に既存の社会福祉サービスや制度の改善に向けた努力を惜しまないこと。問題があった場合には、必ず事実確認のための調査等を行う、または関連専門機関へ依頼をする、必要と思われる情報を最大限に提供することなどの点を常に認識していることがあげられる。当事者の権利を擁護していくためのアクションが、アドボカシーであることを忘れてはならない。

3．ソーシャルワークとエンパワメント

(1) エンパワメントとは

　エンパワメント（empowerment）とは、1960年代のアメリカ合衆国における公民権運動やフェミニズム運動などの流れのなかで、広く用いられるようになった概念であり、もともと法律用語として「権利、権限を与える」という意味で使用されていた。

また、エンパワメントの「em」という接頭語には「内」という意味が含まれていることから「内なるパワー」、つまり、もともと持ち得ている力を取り戻し発揮していく、という意味がある。
　このエンパワメントという概念がソーシャルワークの領域に導入されることとなったきっかけは、B. ソロモン（B.Solomon）が1976年に著した『黒人のエンパワメント～抑圧されている地域社会におけるソーシャルワーク～』にみられる。この本では、黒人が社会的差別と被抑圧的状況のなかで、否定的な評価を受け、パワーの欠如状態に陥っていることに焦点をあて、そのパワーの欠如状態を減らすことをめざした援助実践が強調されており、「エンパワメントは、スティグマ化されている集団の構成メンバーであることに基づいて加えられた否定的な評価によって引き起こされたパワーの欠如状態を減らすことを目指して、クライエントもしくはクライエント・システムに対応する一連の諸活動にソーシャルワーカーがかかわっていく過程である」と定義している。
　それをふまえ、その後は人種差別だけではなく、児童や高齢者、障害者などで、パワーの欠如した状況に置かれている者に対してのソーシャルワークの体系化が試みられていき、エンパワメントを概念とした多様なアプローチが展開されている。

(2) エンパワメントの視点

　社会福祉サービスを利用する、または必要とする人のなかには、偏見や差別さらには社会的に否定された評価を受けることにより、その逆境に対処することができず、無力な状態に陥る、または対処するだけの力を持ち得ない状態となり、そのために自らの生活をコントロールすることが困難になり、自己の選択による自己決定と自己実現をめざした主体的な生活を送ることができなくなる人々が少なからず存在する。そのような人々の主体性を取り戻すため、自らの力で問題解決を図り得るパワーを獲得すること、また自己決定していく力を引き出していく、あるいはその力をつけていくための援助がエンパワメントの鍵概念となる。
　久保美紀（1995年）は、「社会的存在であるクライエントが社会関係の中で正当な社会的役割を遂行し自己決定権を行使していくべく、力（個人的、社会的、政治的、経済的）を獲得することを目的とした援助実践の過程であり、それは個人レベル、社会レベルの変化をもたらすことになる。そして、エンパワメント実践はワーカーとクライエントとの協同作業である」とエンパワメントを定義している。つまり、対象となる者のもっている適応能力や潜在

能力、自己決定の能力などの力を認め、またその可能性を引き出し、自己実現と生活の質の向上などに向けた援助ということができる。

しかし、対象者がパワーの欠如状態に陥っている要因には、社会的・経済的・政治的な抑圧から引き起こされていることが多くあることから、エンパワメントは個人的側面からのアプローチだけではなく、環境的側面にも焦点をあて、両者の相互作用によるものであることを留意した上で、ソーシャルワークを展開していく必要がある。したがって、ソーシャルワーカーは個人と環境との橋渡しをする役割を担っている。

(3) **ストレングス視点**

次に、ストレングス視点（Strength Perspective）についてみていく。

エンパワメントを基底にしたソーシャルワークを展開していくためには、対象者と援助者との関係性にも着目していく必要がある。過去にみられたような専門職優位の援助関係を見直し、対象者と援助者との協働性に基づくパートナーシップの関係性の構築が重要な意味をもつ。

社会福祉サービスを利用する、または必要とする人々は、生活上の困難を多く抱えており、何らかの社会的支援を必要としている。このような状態にある人々に対して、これまでは「病理的視点」、つまり対象者の困難の原因を探求し、診断し治療するということを中心に援助を行う傾向が強かった。これに対して、新たな視点として注目されてきたのがストレングス視点である。

このストレングス視点は、1980年代ごろからアメリカ合衆国のソーシャルワーク実践理論において提唱されはじめた視点であり、「強さ、勇気、長所、抵抗力、その人らしさ」などの日本語訳があてはめられる。

ストレングス視点とは、心理的、身体的、情緒的、社会的、精神的などのあらゆる側面において、活用されていない能力をもつという見方、援助観を意味する。つまり、援助者が対象者の病理・欠陥に焦点をあてるのではなく、ストレングス―強さ、たくましさ、長所、うまさ、その人らしさなどの保持する潜在能力―に焦点化する必要性を強調している。それは、対象者を治療中心の実践から対象者の潜在的な能力を信頼することに重点を置き、かつ対象者自身が自らの力を信頼できるように方向づけることを可能にすると同時に、援助者の援助観や人間観の転換を迫るものである。

したがって、対象者をエンパワメントしていくためには、ストレングス視点による対象者の理解が不可欠な要素となる。ストレングス視点はエンパワメント実践における原動力となり、鍵概念となり、かつ両者は密接な関係性を有するのである。

3　これからのソーシャルワークの課題

1．わが国における社会福祉の動向

　現在のわが国は、少子・高齢化の進展に伴う社会保障費増大の予想、1990年代の経済基調の変化と国の財政状況の深刻化、国民の生活水準の向上・需要の多様化などにより、社会保障にかかわる環境に大きな変化がみられるようになっている。こうした状況を背景として、1995年7月に社会保障制度審議会勧告より「社会保障体制の再構築に関する勧告－安心して暮らせる21世紀の社会を目指して－」が提出され、これを起点に社会保障構造改革が推進されている。

　また、この動向に従い今後の社会保障に関する国民の不安を解消し、成熟した社会・経済にふさわしい社会保障とするために、1996年11月には社会保障関係審議会会長会議から「社会保障構造改革の方向（中間まとめ）」が提出され、「3つの基本的方向」と「4つの視点」が示された。それに伴う具体的取り組みは以下の通りである。

●3つの基本的方向

> ① 国民経済との調和と社会保障への需要への対応
> ② 個人の自立を支援する利用者本位の仕組みの重視
> ③ 公私の適切な役割分担と民間活力の導入の促進

●4つの視点

> ① 社会保障に対する需要への対応と制度間の重複等の排除という観点に立った制度横断的な再編成等による全体の効率化
> ② 在宅医療・介護に重点を置いた利用者本位の効率的なサービスの確保
> ③ 全体としての公平・公正の確保
> ④ 併せて留意すべきその他の視点：保健・福祉サービスに係わる主体の役割分担と連携強化、社会保障施策と他施策との連携強化による総合的対応

●本改革の具体的取り組み

> 介護：社会保障構造改革の第一歩としての統一的・重層的な介護保険制度の創設、介護基盤の整備
> 医療：医療機関の機能の明確化・効率化と患者への適切な医療の確保、医療保険各制度の課題解決、給付の重点化と負担の公平化

> 年金：将来の給付と負担の適正化、公的・私的年金の適切な組み合わせ、企業年金制度改革
> 福祉：サービス提供体制の整備、制度横断的かつ総合的な少子化対策の推進、障害者施策の総合化
> 社会保障施策と他施策との連携：介護施策、都市・住宅施策、雇用施策、教育施策、少子化対策、資産活用施策、ボランティアの発展支援等

　また、社会福祉基礎構造改革とは、少子・高齢化の進展、家族機能の変化、障害者の自立と社会参加の進展、社会福祉に対する国民の意識の変化と期待、高度化・複雑化してきた福祉需要（ニーズ）、社会福祉各領域における制度や社会福祉事業・社会福祉法人制度・措置制度等の制度的疲弊などをふまえ、わが国の社会福祉の基礎構造全般について抜本的改革と強化を行い、21世紀の社会福祉にふさわしい新たな枠組みを作り上げていく必要性から、社会保障構造改革の一環として進められているものである。

　それに従い、1998年に中央社会福祉審議会　社会福祉構造改革分科会により提出された「社会福祉基礎構造改革について（中間まとめ）」および「社会福祉基礎構造改革を進めるに当たって（追加意見）」で提示された7つの改革理念に基づき、現在、社会福祉の構造改革が展開されている。

● 7つの改革理念

> ①　サービスの利用者と提供者の対等な関係の確立
> ②　個人の多様な需要への地域での総合的な支援
> ③　幅広い需要に応える多様な主体の参入促進
> ④　信頼と納得が得られるサービスの質と効率性の向上
> ⑤　情報公開等による事業運営の透明性の確保
> ⑥　増大する費用の公平かつ公正な負担
> ⑦　住民の積極的な参加による福祉の文化の創造

2．ソーシャルワーカーに求められる視点

　このように、日本の社会福祉の抜本的改革と新たな枠組みの構築を目的に取り組まれている社会福祉基礎構造改革の成果の一つとして、2000年6月7日に成立した「社会福祉の増進のための社会福祉事業法等の一部を改正する等の法律」があげられる。

　この法律は、「社会福祉事業法」（1951年）制定以降大きな改正が行われていない社会福祉事業、社会福祉法人、措置制度など社会福祉制度の共通基盤

制度についての抜本的見直し、さらに成年後見制度の補完としての地域福祉権利擁護事業、介護保険制度の円滑な実施、地方分権の推進、社会福祉法人の不祥事への対応などの改革対象となる福祉関係8法の改正を行ったものである（改正の概要は表9－1参照）。

社会福祉サービスを利用するうえで、利用者の権利性に着目した社会福祉理念の深化により、これまでの「与えられる福祉」から「自らが選び決定する福祉」へと利用者観が変化し、利用者の人間としての尊厳と権利の尊重が保障された生活がより可能となるように支援していくことが、社会福祉援助に携わる者としての責務となる。

そのような日本の社会福祉のあるべき姿を構築し直し、そのための基盤整備の推進へと向かう道のりにこれら一連の動向がある。したがって、これからの社会福祉サービスのあり方としては、生活面での具体的援助のみにとどまらず、社会福祉サービス利用者の人権と主体性を尊重し、利用者の自己選択・自己決定権などの権利擁護の視点に立脚した支援の構築と提供、そして幅広い対応が必要となる。そこで、ソーシャルワークを展開していくうえにおいて社会福祉専門職に求められる視点を以下にあげておく。

① 利用者の主体性と人権の尊重および最善の利益の保障という視点に立ったサービス提供のために、倫理綱領の遵守とエンパワメント実践としてのストレングス視点に立脚した援助観の確立。

② 社会福祉従事者は、権利を侵害されている利用者に代わり、その権利侵害是正へのアドボカシーを担うという自覚。

③ より質の高いサービスを利用者に提供していくために、常に新しい専門的理論と技術の研鑽に努め、自らの専門性の向上への取り組みは、社会福祉専門職としての責務であるという責任感。

④ 社会福祉サービスを利用する際に生じるスティグマの解消や、障害者に対する周囲の「心のバリア」を取り除くこと、また住みよい社会へと変革していく（ノーマライゼーション理念の推進）ための社会への意識啓発の役割。

⑤ 社会福祉サービスの利用方法がわかりにくいため、サービス利用を躊躇する人が多い現実があることから、地域住民にわかりやすく社会福祉サービスの情報提供を行う「情報発信基地」としての役割。

以上の視点は、社会福祉に従事する者が利用者の生活の質の向上への支援を行う上で理解しておくべき最低限のものといえる。

社会福祉実践において、社会福祉専門職としての人間観・価値観・援助観

第9章 ソーシャルワークの動向と課題

表9-1 「社会福祉の増進のための社会福祉事業法等の一部を改正する等の法律」の概要

改正の対象となった法律（8法）	社会福祉事業法（「社会福祉法」へ題名改正）、身体障害者福祉法、知的障害者福祉法、児童福祉法、社会福祉施設職員等退職手当共済法、民生委員法、生活保護法、公益質屋法の廃止。
改正の概要	1. **利用者の立場に立った社会福祉制度の構築** (1) 福祉サービスの利用制度化（身体障害者福祉法、知的障害者福祉法、児童福祉法） 　　行政が行政処分によりサービス内容を決定する措置制度 → 利用者が事業者と対等な関係に基づきサービスを選択する利用制度 (2) 利用者保護のための制度の創設（社会福祉法） ①福祉サービス利用援助事業＜地域福祉権利擁護制度＞ 　痴呆性高齢者等の自己決定能力が低下した者の福祉サービス利用を支援するために民法の成年後見制度の補完的役割。都道府県社会福祉協議会等で実施。 ②苦情解決の仕組みの導入 　福祉サービスに対する利用者からの苦情や意見を広く汲み上げ、サービスの改善を図る。 ・社会福祉事業経営者の苦情解決の責務の明確化 ・第三者が加わった施設内における苦情解決システムの整備 ・苦情解決が困難な事例への対応として、都道府県社会福祉協議会に運営適正化委員会を設置 ③利用契約に関する説明・書面交付義務づけ 2. **サービスの質の向上**（社会福祉法） (1) 事業者によるサービスの質の自己評価等、質の向上の責務を明確化 (2) 事業運営の透明性の確保、サービス利用者の選択に資するための情報提供等 3. **社会福祉事業の充実・活性化**（社会福祉法） (1) 社会福祉事業の範囲の拡充 　社会福祉に対する需要の多様化に対応し、新規9事業を第二種社会福祉事業に追加。 　障害児相談支援事業、身体障害者相談支援事業、身体障害者生活訓練等事業、手話通訳事業、盲導犬訓練施設を経営する事業、知的障害者デイサービス事業、知的障害者デイサービスセンターを経営する事業、知的障害者相談支援事業、福祉サービス利用援助事業 (2) 社会福祉法人の設立要件の緩和、運営の弾力化 4. **地域福祉の推進** (1) 市町村地域福祉計画及び都道府県地域福祉支援計画策定等（社会福祉法） (2) 知的障害者福祉等に関する事務の市町村への委譲 　（知的障害者福祉法、児童福祉法） (3) 社会福祉協議会、共同募金、民生委員・児童委員の活性化 　（社会福祉法、民生委員法、児童福祉法） 5. **その他の改正** 社会福祉施設職員等退職手当共済法の見直し、公益質屋法の廃止等

の確立、倫理綱領の遵守、専門的知識および技術の向上、社会的役割と責任の自覚などは欠かすことのできない要素である。社会福祉専門職として従事する者は、専門職として国民および社会からの期待と責任を背負っているということを忘れてはならない。

＜参考文献＞
黒木保博・福山和女・牧里毎治編著『社会福祉援助技術論（上・下）』ミネルヴァ書房 2002年
狭間香代子『社会福祉の援助観』筒井書房　2001年
小田兼三・杉本敏夫・久田則夫編著『エンパワメント実践の理論と技法』中央法規出版 1999年
N.ベイトマン著、西尾祐吾監訳『アドボカシーの理論と実際』八千代出版　1998年
定藤丈弘・岡本栄一・北野誠一編『自立生活の思想と展望』ミネルヴァ書房　1993年

索　引

あ―お

アセスメント　36
アダルトチルドレン　76
アドボカシー　175
アドボケイト　176
医学モデル　173
育児放棄（ネグレクト）　56
一時保育事業　161
インター・グループワーク論　25
インテーク　35
A.E. アイビィ　42
H.H. パールマン　32
H. バートレット　173
エコシステム論　174
エコマップ　37
ＮＰＯ　137
エンゼルプラン　142
エンパワメント　177

か―こ

介入・実施　38
学童保育（放課後児童健全育成事業）　122
価値・知識・介入　173
関連援助技術　19
基礎的集団　92
機能的集団　92
共感的理解　40
記録　102
クライエント　20
グループ　94
グループメンバー　94
グループワーカー　94
グループワーク　21，93
グループワークの過程　98
グループワークの原則　96
ケアマネジメント　28
ケース　20
ケースワーカー　20
ケースワーク　19，32
ケースワークの原則　33

言語的コミュニケーション　42
権利擁護　175
広報　141
公民協働　23
子育てサロン　158，165
子育て支援　142
個別援助技術　19
コミュニティ・オーガニゼーション　24
コミュニティワーク　23，136
コミュニティワークの原則　138
コンピテンス　101

さ―そ

再社会化　92
C.R. ロジャーズ　39
ＣＯＳ（慈善組織協会）　20
ジェネリック・ソーシャルワーク　173
事後評価　38
システム理論　21
実施主体　93
児童館　79
児童虐待の防止等に関する法律　18
児童虐待防止ネットワーク活動　164
市民アドボカシー　176
社会化　92
社会改良運動　22
社会活動法（ソーシャルアクション）　27
社会計画的アプローチ　26
社会資源　13
社会資源の活用・開発　140
社会福祉運営管理（ソーシャル・ウェルフェア・アドミニストレーション）　27
社会福祉援助技術　13
社会福祉基礎構造改革　181
社会福祉協議会　137

社会福祉計画法（ソーシャル・ウェルフェア・プランニング）　27
社会福祉実践の共通基盤　173
社会福祉調査法（ソーシャルワーク・リサーチ）　26
社会福祉の増進のための社会福祉事業法等の一部を改正する等の法律　181
社会変革アプローチ　26
社会保障体制の再構築に関する勧告　180
集団　92
集団援助技術　19
純粋性　40
障害児（児童）デイサービス　127
小地域ネットワーク活動　164
自立　174
自立生活運動　175
新エンゼルプラン　143
スーパービジョン　15
ストレングス視点　179
生活課題　12
生活モデル　173
生態学的理論　21
セッティング　101
セルフ・アドボカシー　176
全国保育士会倫理綱領　29
全米ソーシャルワーカー協会　173
ソーシャルワーク　12，18
組織化　139

た―と

地域子育て支援センター事業　148
地域診断　138
地域福祉計画　24

185

は—ほ

非言語的コミュニケーション　41
評価　103
福祉教育　141
福祉ニーズの把握　139
プランニング　38
ふれあいサロン　165
プログラム活動　95
保育士　10
保育所地域活動事業（世代間交流事業）　153
保育所地域活動事業実施要綱　142
保育所保育指針について　134
ボイタ法　51
法的アドボカシー　177
母子生活支援施設　85
ボバーズ法　51
ボランティア　142

ま—も

マイクロカウンセリング　42
無条件の肯定的配慮　40
メアリー・リッチモンド　20

や—よ

4つのP　32

ら—ろ

倫理綱領　29

わ—ん

ワーカー・クライエント関係　39
ワーカビリティ　101

新版　保育士をめざす人のソーシャルワーク		
	2005年3月31日　初版第1刷発行	
	2018年9月1日　初版第11刷発行	
編　　集	相澤　譲治	
発 行 者	竹鼻　均之	
発 行 所	株式会社　みらい	
	〒500-8137　岐阜市東興町40番地　第5澤田ビル	
	電話　058-247-1227㈹	
	http://www.mirai-inc.jp/	
印刷・製本	サンメッセ株式会社	

ISBN978-4-86015-057-0　C3036
Printed in Japan　　　乱丁本・落丁本はお取り替え致します。

シリーズ 保育と現代社会

保育と社会福祉〔第2版〕
B5判　228頁　定価／本体2,000円(税別)

演習・保育と相談援助〔第2版〕
B5判　208頁　定価／本体2,000円(税別)

保育と児童家庭福祉〔第2版〕
B5判　220頁　定価／本体2,000円(税別)

保育と家庭支援〔第2版〕
B5判　184頁　定価／本体2,000円(税別)

保育と社会的養護原理〔第2版〕
B5判　240頁　定価／本体2,200円(税別)

演習・保育と社会的養護内容
B5判　192頁　定価／本体2,000円(税別)

演習・保育と保護者への支援——保育相談支援
B5判　232頁　定価／本体2,200円(税別)

演習・保育と障害のある子ども
B5判　280頁　定価／本体2,300円(税別)

保育士をめざす人の福祉シリーズ

八訂　保育士をめざす人の社会福祉
B5判　204頁　定価／本体2,000円(税別)

新版　保育士をめざす人のソーシャルワーク
B5判　188頁　定価／本体2,000円(税別)

改訂　保育士をめざす人の児童家庭福祉
B5判　208頁　定価／本体2,000円(税別)

改訂　保育士をめざす人の社会的養護
B5判　176頁　定価／本体2,000円(税別)

三訂　保育士をめざす人の社会的養護内容
B5判　168頁　定価／本体2,000円(税別)

改訂　保育士をめざす人の家庭支援
B5判　180頁　定価／本体2,000円(税別)

新時代の保育双書シリーズ

ともに生きる保育原理
B5判　約200頁　定価／本体2,200円(税別)

幼児教育の原理〔第2版〕
B5判　176頁　定価／本体2,000円(税別)

今に生きる保育者論〔第3版〕
B5判　200頁　定価／本体2,000円(税別)

新・保育内容総論〔第2版〕
B5判　216頁　定価／本体2,000円(税別)

保育内容　健康〔第2版〕
B5判　224頁　定価／本体2,100円(税別)

保育内容　人間関係〔第2版〕
B5判　200頁　定価／本体2,100円(税別)

保育内容　環境〔第3版〕
B5判　176頁　定価／本体2,100円(税別)

保育内容　ことば〔第3版〕
B5判　200頁　定価／本体2,000円(税別)

保育内容　表現〔第2版〕
B5判　176頁　定価／本体2,200円(税別)

乳児保育〔第3版〕
B5判　212頁　定価／本体2,000円(税別)

新・障害のある子どもの保育〔第3版〕
B5判　280頁　定価／本体2,300円(税別)

実践・発達心理学〔第2版〕
B5判　208頁　定価／本体2,000円(税別)

保育に生かす教育心理学
B5判　184頁　定価／本体2,000円(税別)

子どもの理解と保育・教育相談
B5判　188頁　定価／本体2,000円(税別)

図解　子どもの保健Ⅰ〔第2版〕
B5判　232頁(カラー口絵4頁)　定価／本体2,200円(税別)

演習　子どもの保健Ⅱ〔第2版〕
B5判　約230頁　定価／本体2,200円(税別)

新版　子どもの食と栄養
B5判　248頁　定価／本体2,300円(税別)

株式会社みらい　http://www.mirai-inc.jp/
〒500-8137　岐阜市東興町40番地　第五澤田ビル
TEL (058)247-1227(代)　FAX (058)247-1218